Nockberge

Die 50 schönsten Wanderungen

DIETER BUCK

Nockberge

DIE 50 SCHÖNSTEN WANDERUNGEN

Verlag Carinthia

Empfohlene Karten: Kompass Wanderkarte 063 Bad Kleinkirchheim und 63 Millstätter See Nockgebiet.

IMPRESSUM

ISBN 978-3-85378-618-5

www.carinthiaverlag.at

Alle Fotos: © Dieter Buck
Covermotiv: Schwarzsee
Gestaltung, Satz & Repro:
TextDesign GmbH, Klagenfurt
Druck & Bindung:
Druckerei Theiss GmbH,
St. Stefan im Lavanttal
Printed in Austria

Die Nockberge

Wanderungen

Orte

Vorwort

Liebe Leserinnen, liebe Leser,

die Nockberge zählen sicherlich zu den beliebtesten Wandergebieten Kärntens. Das kommt sicher einerseits daher, dass es in der Regel leichte Wanderberge sind, die einfach zu erreichen sind – es führen einige Mautstraßen in die Höhe bzw. es gibt Bergbahnen, die den Aufstieg erleichtern. Andererseits liegt das Gebiet direkt an gerne besuchten Seen wie dem Millstätter See, dem Feld- und dem Afritzer See. Auch das bekannte Bad Kleinkirchheim befindet sich mitten in dem Gebiet.

In diesem Buch finden Sie fünfzig Wandervorschläge versammelt. Das reicht von einfachen Spaziergängen bis hin zu längeren, gestandenen Bergtouren. Aber, wie schon gesagt: Es sind alles alpinistisch gesehen einfache Unternehmungen. Man wandert in der Regel auf gemütlichen Forst- und Almwegen oder auf gut zu gehenden Steigen. Oft geht man auch »auf Sicht«, das heißt, man kann, ist man erst einmal oberhalb der Waldgrenze, die Wegstrecke gut überblicken. So sind die Nockberge auch das ideale Wandergebiet für Familien. Und immer wieder kommt man an bewirtschafteten Almen oder Jausenstationen vorbei.

Trotzdem, eines darf man nicht vergessen: Die Nockberge sind Gebirge! Man befindet sich oft kurz unter oder über der 2000-Meter-Grenze. Man sollte also immer auf das Wetter achten und seine Ausrüstung an die Bergverhältnisse anpassen. Besonderen Wert sollte man immer auf geeignetes Schuhwerk legen. Auch Bergstöcke tun gute Dienste.

In diesem Sinne wünsche ich Ihnen
viele schöne Bergerlebnisse!

Dieter Buck

Nockberge

Die Nockberge

Nocken, nicht zum Essen

Der Name Nockberge erinnert an Salzburger Nockerl. Nicht ohne Grund: Weil die Berge und Kuppen wegen ihrer sanft abgerundeten Formen und der kahlen Gipfel an das Salzburger Nationalgericht erinnern, haben die Kärntner Nockberge diesen Namen bekommen.

Teil der Gurktaler

Eigentlich sind die Nockberge in der Bezeichnung Gurktaler Alpen mit inbegriffen. Von ihnen sind sie der südwestliche Teil. Deren Fläche, die ungefähr ein Fünftel des gesamten kärntnerischen Raumes einnimmt, erstreckt sich zwischen den Niederen Tauern und den südlichen Kalkalpen, den Karawanken. In ihrem nördlichen Teil gehören die Nockberge geringfügig auch zu den Bundesländern Salzburg und Steiermark.

Die Namensgeberin, die Gurk, entspringt sogar in den Nockbergen – zwischen Brett- und Lattersteighöhe und Speikkofel.

Es handelt sich um eine der interessantesten Mittelgebirgslandschaften Europas, die mit ihren abwechslungsreichen, sanften Gebirgsformen, der außergewöhnlichen Vegetation und der dadurch bedingten ebenso interessanten Fauna beeindruckende Naturerlebnisse bietet.

Abweichend von den meist sanften Formen kommt es bei manchen Bergen jedoch an den Nord- und Ostseiten durch Karbildung zu recht schroffen, steilen und wilden Abstürzen, so dass ganz »unnockartige« Gipfel entstehen.

Gut zu sehen ist dies beispielsweise am Eisenhut, am Rinsennock oder auf der Bretthöhe.

»Böhmische« Granaten aus Radenthein – aus der Geologie

Über die Entstehung der Nockberge sind die Geologen unterschiedlicher Meinung. Eine Theorie z. B. besagt, dass die Gipfelbereiche nur die hochgetragene, leichtgewölbte Restfläche einer einzigen Erhebung sind. Als Beweis dafür wird angeführt, dass alle Nockberge ungefähr gleich hoch und auf manchen noch größere ebene Flächen sind (Mallnock, Speikkofel, Gerlitzen). Und die Berge, die noch höher sind, wären demzufolge nur leichte Aufwölbungen der früher gleichen Hochfläche.

Die Zerstückelung wäre nach dieser Meinung durch Bäche, Gletscher und Eisströme zustande gekommen, teilweise auch durch ein Wiederabsinken. Wie dem auch sei, sicher ist, dass die Landoberfläche des Tertiär noch weitgehend erhalten ist, die sanften Kuppen erdgeschichtlich also sehr alt sind.

Ein Kalkband im Urgestein

Geologisch bestehen die Berge aus Ur- oder kristallinem Gestein. Somit sind sie älter als die benachbarten Gebirge. Vor über 300 Millionen Jahren bildeten sich hier unter hohem Druck und hohen Temperaturen Paragneise und Glimmerschiefer.

Von Nord nach Süd zieht sich aber ein schmales Kalk- bzw. Dolomitband durch. Dieser bis zu drei Kilometer breite Gürtel ist durch das hellere Gestein deutlich erkennbar. Er tritt am Grünleitennock, auf der Eisentalhöhe, am Stubennock und vielleicht am schönsten und beeindruckendsten an der Zunderwand zu Tage.

Die Gipfel der Berge des Dreiländerecks – Königstuhl, Karlnock und Stangnock –, außerdem weiter südlich die Brunnachhöhe, bestehen aus Gesteinen des Oberkarbon (Steinkohlenzeit).

Deshalb findet man hier auch Versteinerungen, vor allem gut erhaltene Pflanzenteile, insbesondere Farne und Schachtelhalme. Der Rosennock übrigens ist eine wahre Fundgrube verschiedenfarbiger Steine – und auf der Millstätter Alpe wandert man förmlich auf Granaten, die, losgelöst vom umgebenden Gestein, wie Murmeln auf dem Weg liegen.

Auch das sonstige Gestein ringsum ist mit ihnen geradezu gespickt. Wer also geologisch interessiert ist, nimmt am besten einen Hammer mit auf seine Wanderungen. Verschiedene Täler wurden von den aus dem Westen kommenden eiszeitlichen Gletschern als Trogtäler ausgeschliffen – so z. B. das Bad Kleinkirchheimer Tal, das Langalmtal bei Kaning, das St. Oswalder Tal, der Leobengraben oder die Innerkrems.

Die Menschen wussten die Schätze der Erde zu nutzen

Schon früh nutzte die Bevölkerung den Reichtum der Erde: An den Berührungspunkten von Ur- und Kalkgestein gibt es Magnesit (z. B. an der Roten Burg oberhalb Bad Kleinkirchheims) sowie Eisenerz, welches bis in die zweite Hälfte des 19. Jahrhunderts auch abgebaut wurde, vor allem in Innerkrems. Dort sowie im Bereich des Erlacher-Bock-Sattels finden wir noch heute nicht mehr zugängliche Stollen und Abraumhalden.

Der Hochofen von Eisentratten, 1863 von Graf Lodron erbaut, 1883 stillgelegt, inzwischen

aber wieder renoviert, ist ein Zeuge dieser Zeit. In Bundschuh, gelegen in dem von Innerkrems nach Norden führenden Tal, befindet sich sogar ein Hochofenmuseum.

Auch die berühmten »böhmischen« Granaten früherer Zeiten stammten wohl zu großen Teilen von der Millstätter Alpe, von wo sie nur zur Weiterverarbeitung nach Böhmen gebracht wurden. 1880 begann man mit dem Abbau, 1909 wurde er aber bereits wieder eingestellt, da die Ausbeute zu gering war. Und in Bad Kleinkirchheim und am Südabhang des Wöllaner Nocks standen früher Kalköfen; auch die Therme in Bad Kleinkirchheim entspringt einem Kalk-Dolomit-Zug.

Ein reger Bergbaubetrieb herrschte auch im schon zur Steiermark gehörenden Bereich Turrach/Turracher Höhe. Hier liegt zwischen Turrach und Schwarzsee am Seeleneck eine Lagerstätte von Anthrazit, der geologisch ältesten Kohle Europas.

Noch bis zum Ersten Weltkrieg wurde diese Kohle bei der Verhüttung in Turrach als zusätzliche Energiequelle benutzt, außerdem verwandte man den Anthrazit zur Farbenherstellung. Aus dem Südabhang des Kornocks holte man Zinnober – dieser Abbauplatz wird für die zweitbeste Lagerstätte Kärntens gehalten –, welches mit Holzkohle verhüttet und zu Quecksilber verarbeitet wurde.

Der früheste Nachweis stammt aus dem 17. Jahrhundert, es gab im Abbau Unterbrechungen und das letzte Mal wurde hier nach Ausbruch des Zweiten Weltkrieges gearbeitet.

Nagelstock und Troadkastn – Bauernkultur in den Nocken

Die Häuser – landschaftliche Kleinode

Leider gibt es nicht mehr allzu viele davon, aber die übriggebliebenen Häuser im Nockgebiet, in Blockbauweise aus heimischem Fichten- und Lärchenholz erstellt, sind wahre landschaftliche Kleinode. Die Kärntner Schopf genannten Dächer sind abgewalmt, ein typisches Merkmal des hier üblichen Baustils. Schwarzverbrannt – allerdings sind die Fugen gemörtelt und weiß ausgekalkt oder mit einer Moos«dichtung« versehen –, mit Balkonen an der Front, kuschelig und gemütlich. Man findet keine Eindachhäuser, sondern der Hof bildet als sogenannter Ringhof eine Gruppe von kleineren Einzelgebäuden.

Die schönsten Ringhöfe Kärntens waren im Bad Kleinkirchheimer Gebiet – insbesondere in St. Oswald – zu finden. Ringhöfe prägten bis zur Mitte des 19. Jahrhunderts das Landschaftsbild der Gegend.

In Saureggen oberhalb Ebene Reichenau liegt auf 1600 Meter Seehöhe sogar der höchste bewohnte Bergbauernhof in Kärnten, der Hochsinner. Die bäuerlichen Anwesen zählten zu der Gruppe der »Zwiehöfe«, da Menschen und Tiere nicht unter einem Dach lebten. Zu dem oft ein Dutzend Baulichkeiten zählenden Haufenhof gehörten das zweistockige Wohnhaus, Wirtschaftsgebäude, Troadkastn (Getreidekasten), Austraghäusl, Dörrhütte, Schweinestall, Tränkhütte, Holz-, Wagen- und Bretterschuppen, Abort, Waschhütte, Rossstall, Futterstadl, Strohstadl, oft eine Bienenhütte, in einiger Entfernung dann Backstube und am Bach die Hausmühle.

Besonders anheimelnd wirken die Häuser durch den hölzernen Laubengang, einen balkonartigen Vorbau, dessen Brüstungsbretter manchmal mit geschnitzten Zierformen, roten Nelken, dem »Nagelstock«, duftenden Petunien und kräftigen Pelargonien geschmückt sind.

Besonders schön, da liebevoll gebaut und ausgeschmückt, z. T. mit altem Schnitzwerk, sind die abseits der übrigen Bebauung errichteten »Troadkastn«. Für den Bauern waren sie wertvoll wegen des Inhalts: dem Vorrat an Lebensmitteln, Saatgut und evtl. Wertsachen und Urkunden. Es sind baukünstlerische Schmuckstücke, die Zimmerleute zeigten hier ihre höchste Kunst. Das Oberteil des Kastens steht über und ist von einem sogenannten »Mauskragen« zur Abwehr dieser unerwünschten Nager versehen.

Selten geworden sind leider die alten Ringzäune. Wie in allen Gegenden mit viel Holz war auch das meiste bäuerliche Gerät aus Holz, so z. B. das Speikkramperl zum Ausgraben der Speikwurzeln.

Es klappert die Mühle ...

Eine Besonderheit stellen auch die Stockmühlen – hier besser bekannt als Flodermühlen – dar. Außer im Mölltal ist in Kärnten diese Besonderheit nur noch in den Nocken zu finden. Bei den Flodermühlen wurde das Prinzip der Kaplan-Turbine um Jahrhunderte vorweggenommen.

Anders als bei »normalen« Wassermühlen, bei denen der Bach ein senkrecht stehendes Rad antreibt, sitzt die Flodermühle auf Pfählen über dem Bach.

Wie bei einer Turbine schießt das Wasser durch eine Holzrinne auf ein horizontales Schaufelrad (Floder) unter der Mühle, welches durch eine starre senkrechte Achse den über ihr liegenden Mahlstein in Bewegung setzt.

Da die Übersetzung durch Zahnräder zwischen dem waagrechten Mühlstein und dem senkrechten Schaufelrad entfällt, nützt diese Antriebsart die Wasserkraft besser aus. Schon Leonardo da Vinci hatte Zeichnungen zu einem horizontalen Mühlrad angefertigt.

In Kaning stehen noch sechs dieser alten Mühlen aus der Zeit um 1800. Hier finden auch Vorführungen und Kurse statt, außerdem hat die Nationalparkverwaltung am Beginn dieses »Mühlen-Wanderweges« im alten Türkhaus ein kleines Museum eingerichtet.

Der Nationalpark

Inmitten des Nockgebietes liegt der 216 Quadratkilometer große Nationalpark Nockberge, ein frühes Beispiel einer erfolgreichen Bürgerinitiative. Ursprünglich war nämlich geplant, nach Fertigstellung der Nockalmstraße 1979, die Gegend der heutigen Nationalparkkernzone in einen gigantischen Skizirkus mit mehreren Feriendörfern, Hotelanlagen, Skipisten mit den obligatorischen Liften (24 Stück!), Tennisplätzen, Eislaufhalle, Hallenbad und allem möglichen Rummel – wie von anderen Orten gewohnt – umzuwandeln.

Aber es kam alles ganz anders. Ein Leserbrief brachte den Stein ins Rollen. Es bildete sich auf die Veröffentlichung hin rasch eine Bürgerinitiative, die eine Volksbefragung in ganz Kärnten durchsetzte. Mit der fast unglaublichen Mehrheit von 94,32 Prozent wurden dann am 7. Dezember 1980 die geplanten Projekte abgelehnt. Heute unterliegen rund 45 % als Kernzone strengsten Schutzbestimmungen. Nach verschiedenen Zwischenstationen wurde schließlich am 1. Januar 1987 der »Nationalpark Nockberge« endgültig eingerichtet. Von der Gesamtfläche entfallen 116,1 Quadratkilometer auf die sogenannte Außenzone mit den ausgedehnten Fichten-, Lärchen- und Zirbenbeständen der Bergwaldstufe und 99,9 Quadratkilometer auf die Kernzone mit Almbereich und Gipfelregionen. Derzeit ist jedoch die Umwandlung des Nationalparks in ein Biosphärengebiet im Gespräch.

Die Nockalmstraße

Die Nockalmstraße war anfangs nur zur Förderung der Almwirtschaft geplant, wurde dann asphaltiert und führt seit 1981 als beliebte Mautstraße 34 Kilometer durch den Nationalpark.

An ihr gibt es außer einigen Jausenstationen sehenswerte museale und Bildungseinrichtungen, deren Besuch Leuten mit volks- oder naturkundlichem Interesse nur empfohlen werden kann, denn hier erfährt man viel von Land und Leuten, von Fauna und Flora in den Nockbergen.

Außerdem bietet die Nationalparkverwaltung ein reichhaltiges Angebot an geologischen und botanischen Exkursionen an.

Hier sind die Attraktionen in der Reihenfolge, in welcher sie ab der Einfahrt Ebene Reichenau erlebt werden, beschrieben.

Naturlehrpfad Windebensee

Um den idyllischen kleinen Bergsee führt ein Lehrpfad, dessen Tafeln interessante Einblicke in Flora und Fauna der hiesigen Landschaft bieten. Wichtige Alpenpflanzen können an ihrem natürlichen Standort kennengelernt werden.

Schiestlscharte – Naturkundliche Information

Anhand einer Ton-Dia-Schau wird ein Überblick über Landschaft sowie Pflanzen und Tierwelt der Nocken geboten.

Außerdem gibt es ein Relief der Nockberge, in welchem Wanderrouten nachvollzogen bzw. ausgewählt werden können.

In einer naturkundlichen Ausstellung werden wichtige Gesteine der Nocken, die Pflanzenwelt in den verschiedenen Höhenstufen sowie typische Vertreter der Alpenfauna vorgestellt.

Etwas oberhalb der Glockenhütte steht die »Wunschglocke«. Sie zum Klingen zu bringen, hat zumindest noch niemand geschadet.

Grundalm – Ökologische Bergwaldinformation

Die Bergwaldinformation besteht aus drei Teilen:

- Ökologie des Bergwaldes:
  Hier wird das Wirkungsgefüge des Lebensraums Bergwald erklärt. Außerdem auch traditionelle und moderne Methoden einer ökologischen Waldbewirtschaftung, Holzgewinnung und -verarbeitung.
- Veränderung des Bergwaldes.
- Wald und Wild:
  Hier werden Einblicke in Waldbiologie und fachgerechtes Waidwerk vermittelt.

Als kleine Sensation steht ein aus Geweihen zusammengebauter Hirsch im Eingangsbereich.

Karlbad

In diesem alten »Bauernbadl« wird seit 300 Jahren gekurt – heute noch nach der gleichen Methode wie damals. Die Heilwirkung wird dadurch erzielt, dass Steine aus dem vorbeifließenden Karlbach auf 40 bis 45 Grad C erhitzt und ins Badewasser gegeben werden. Hierbei lösen sich die in den Steinen befindlichen Mineralien.

Die Kurgäste steigen in alte Badetröge aus ausgehöhlten Lärchenstämmen, die dann mit Holz abgedeckt werden, so dass nur noch der Kopf herausschaut.

Jeder Gast hat einen Krug, mit dem er frisches Bachwasser trinkt, das in einer Holzröhre durch die Badstube geleitet wird. Nach dem Bad legen sich die Gäste nochmals ins Bett. Der Name kommt von Kar = steinige Hochmulde.

Zechneralm – Almwirtschaftsmuseum

Hier erhält man zum einen Einblick in die traditionelle Arbeitsweise von Sennerinnen und Sennen, zum anderen aber auch in die heutige Almwirtschaft mit all ihren Problemen. Das kleine Museum zeigt auch eine Vielzahl an alten almwirtschaftlichen Geräten. Außerdem kann man einen Videofilm über das Almleben ansehen.

Pfandlhütte

Hier ist die Tierschau »Im Reich der Murmeltiere« zu sehen.

Nockalmhof

Hier wird man über den Bergbau informiert.

Der Speik

Eine Besonderheit der Nockberge ist der echte Speik (Valeriana celtica subs. norica). Früher grub man ihn viel aus – es gab sogar ein eigenes Gerät, das Speikkramperl, dafür –, um ihn zu exportieren. Mit seinem scharfen Aroma wurde er früher z. B. dafür benutzt, um aus dem Kleiderschrank die Motten zu vertreiben. Besonders beliebt war er im Orient; dort wurde er für Haremsbäder, Räucherwerk, Würze für Wein usw. verwendet. In einer Wiener Zeitung war beispielsweise folgende Anzeige zu lesen: »Speik, 500 Faß zu je 50 kg greifbar ab steirischer Station, auch für das Ausland sofort zu verkaufen.« Mittlerweile ist er streng geschützt. Verarbeitet wird Speik heute noch von der Firma Rau in Stuttgart/Deutschland.

Wanderungen

Alexanderhütte
Millstätterhütte

Rund um den Tschiernock

(2088 m) – Variante 1

Der Tschiernock ist der westlichste Gipfel des langgestreckten Höhenzugs oberhalb des Millstätter Sees. Insbesondere die Sicht von hier aus ins Lieser- und ins Drautal ist beeindruckend – und natürlich auch hinab zum See.

WEGVERLAUF. An der Bergstation wenden wir uns zuerst nach links in Richtung Tschiernockgipfel, ihn erreichen wir nach viertelstündigem Anstieg.

Anschließend wandern wir, immer leicht auf- und absteigend, am Kamm entlang nach Südosten (Weg Nr. 191 bzw. 11) in Richtung Millstätter Hütte. Am Hochpalfennock (2099 m) teilt sich der Weg: Nach rechts kann man auf Weg 1931 über den Tschierweger Nock (2010 m) direkt zur Alexanderhütte absteigen; wer möchte, hält sich aber noch weiter ostwärts, ebenfalls bergab, auf Weg Nr. 191 zum Millstätter Törl (1905 m). Hier bietet sich noch ein kurzer Anstieg (zusätzlich insgesamt etwa eine Stunde) zum Kamplnock (2101 m) an.

Ansonsten halten wir uns rechts und erreichen nach einigen Minuten die Millstätter Hütte (1876 m). Hier biegen wir nach links ab in Richtung Schwaigerhütte. Ein holpriger Almweg bringt uns steil abwärts und zu einer Verzweigung, wo Weg Nr. 193 nach rechts zur aussichtsreichen Alexanderhütte abgeht.

Durch lichten Lärchenwald erreichen wir sie nach einer halben Stunde. Hinter ihr geht Weg Nr. 1932 weiter zur Sommereggerhütte. Der Pfad führt uns weiterhin durch Wald, nach einiger Zeit geht er im Zickzack steil hinab zu einem breiteren, von links kommenden Almweg, dem wir nach rechts folgen, nun mit der Bezeichnung Nr. 12. Er zieht am Hang entlang, vorbei an der Hütte der Leiterbacheralm, und ziemlich eben bis zur Sommereggerhütte. Hinter dieser führt der Pfad weiter in einer Viertelstunde zur Talstation.

AUSGANGSPUNKT
Bergstation des Tschiernocklifts (2060 m).

ZEIT
Etwa 3–4 Stunden.

HÖHENUNTERSCHIED
Etwa 300 Meter.

EINKEHRMÖGLICHKEIT
Sommereggerhütte, Alexanderhütte.

SONSTIGES
Der Weg verläuft auf Steigen und Pfaden, z. T. auch auf Almwegen. Die Wanderung kann auch gut mit Kindern unternommen werden.

Rund um den Tschiernock
– Variante 2

Diese Tour eignet sich für Wanderfreunde, die gerne alleine wandern. Der Nachteil solcher einsamen Touren sind aber Wege und Pfade, auf denen man die Spuren der Vorgänger nicht auf den ersten Blick entdeckt – und auch die Wanderzeichen muss man manchmal suchen. Also, etwas pfadfinderisches Geschick und Abenteuerlust sind angebracht. Aber nur auf dem Weg vom Tschiernockgipfel bis zur Litzlhofalm, danach geht es problemlos weiter.

AUSGANGSPUNKT
Bergstation des Tschiernocklifts (2060 m).

ZEIT
Etwa 3–4 Stunden, je nachdem.

HÖHENUNTERSCHIED
Etwa 550 Meter, je nachdem.

SONSTIGES
Der Weg verläuft auf Steigen und Pfaden, ein Teil auch auf Almwegen. Die Strecke zwischen Tschiernockgipfel und Litzlhofalm ist etwas schwer zu finden.

WEGVERLAUF. Von der Bergstation aus geht es in einer Viertelstunde zum Gipfelkreuz des Tschiernocks. Dort steigen wir nach rechts (blau-weiße Markierung Richtung Hoferhütte) ab.

Nach kurzem Bergab knickt eine rot-weiße Markierung rechtwinklig ab. Sie führt uns ein Stück geradeaus steil abwärts. In einer Mulde sehen wir dann links, direkt unter uns, die Gebäude der Hoferalm; auf sie zu biegt jetzt der Pfad ab. Vor einer mächtigen Lärche (nicht den Bach dahinter überschreiten!) wenden wir uns nach rechts.

Bald sind wir bei der Hoferhütte (1738 m), hier weist eine blau-weiße Markierung (später ist sie wieder rot-weiß) nach rechts. Wir überschreiten einen Bach und müssen nun aufpassen. Ein z. T. schlecht zu findender Pfad führt uns durch lichten Wald und dichtes Gebüsch und über wei-

tere Bachläufe leicht ansteigend bis zur Litzlhofalm (1760 m). An den Gebäuden vorbei stoßen wir hinter ihr auf einen breiten Almweg, auf dem wir in gemächlichem Aufstieg zum Millstätter Törl (1905 m) spazieren.

Wer möchte, kann hier nach links zum Kamplnock (2101 m) aufsteigen (zusätzlich insgesamt etwa eine Stunde). Ansonsten haben wir nun drei Möglichkeiten für den Rückweg: Entweder wir spazieren auf Weg Nr. 191 nach rechts aufwärts zum Hochpalfennock (2099 m) und von dort aus weiter über den Kamm zur Bergstation des Tschiernocklifts.

Wir können aber auch am Hochpalfennock ein Stück nach links in Richtung Alexanderhütte absteigen und dann kurz darauf den nach rechts abgehenden Weg Nr. 12 zur Sommereggerhütte nehmen. Hinter dieser geht es in einer Viertelstunde zur Talstation des Liftes.

Eine weitere Möglichkeit wäre, vom Millstätter Törl aus den Rückweg wie in Variante 1 zu nehmen.

Von Tangern nach Treffling

Dies ist eine gemütliche Wanderung oberhalb des Millstätter Sees, durch Wald und Wiesen und immer wieder mit herrlicher Aussicht.

WEGVERLAUF. Am östlichen Ende von Tangern zweigt Weg Nr. 16 (später Nr. 17) ab. Auf diesem Zufahrtssträßchen zur Pichlhütte wandern wir etwa zwei Kilometer, bis nach links Weg Nr. 12 nach Treffling abgeht. Er führt nach der Wiese gleich wieder nach rechts in den Wald und dort abwärts nach Treffling.

Dort überschreiten wir den Bach und halten uns danach links. Etwas unterhalb der Kirche knickt wieder nach links Wanderweg Nr. 8 ab. Er bringt uns zurück nach Tangern.

AUSGANGSPUNKT
Tangern (755 m).

ZEIT
Etwa 3 Stunden.

HÖHENUNTERSCHIED
Etwa 300 Meter.

SONSTIGES
Wir wandern auf Sträßchen und gut zu gehenden Pfaden. Gut geeignet für Tage, an welchen Bergwanderungen nicht möglich sind. Auch bei Regen möglich.

Von der Pichlhütte zur Sommereggerhütte

Diese Wanderung unterhalb des Tschiernocks bietet uns einiges an herrlicher Aussicht und schöne Landschaftseindrücke.

WEGVERLAUF. Erst wandern wir, wie in Wanderung 5 beschrieben, zum »Aussichtspunkt Tangener Alm«. Von hier aus steigen wir noch ein Stück am Zaun entlang aufwärts, dann zieht der Weg nach rechts und schließlich durch den Wald zur Leitenbacheralm, anschließend in leichtem Auf und Ab zur Sommereggerhütte.

Nun spazieren wir das Zufahrtssträßchen ein Stück abwärts, bis nach links Weg Nr. 17 abgeht. Immer abwärts wandernd erreichen wir schließlich den Almweg, der von links vom Aussichtspunkt Tangener Alm herkommt. In diesen biegen wir nach rechts ein. Weiter abwärtsgehend stoßen wir nach einer scharfen Linkskurve auf das Zufahrtssträßchen zur Pichlhütte. Nach links aufwärts bringt es uns in wenigen Minuten zurück zum Ausgangspunkt.

AUSGANGSPUNKT
Pichlhütte (1336 m). Zufahrt (mautfrei) ab Tangern.

ZEIT
Etwa 4 Stunden.

HÖHENUNTERSCHIED
Etwa 400 Meter.

EINKEHRMÖGLICHKEIT
Pichlhütte.

SONSTIGES
Wir wandern auf gut zu gehenden Pfaden und Almwegen. Auch bei Regen möglich.

Um die Pichlhütte

(1336 m)

Diese nette, kurze Wanderung eröffnet herrliche Aussichten: Man sieht hinter Seeboden, das direkt unter einem liegt, den Millstätter See, dahinter das Goldeck, außerdem den Tschiernock und die Reißeckgruppe.

WEGVERLAUF. Bei der Pichlhütte nehmen wir den mit »Aussichtspunkt Tangener Alm« bezeichneten Weg Nr. 12. Er steigt zuerst über Almwiesen an, dann geht es ein Stück durch den Wald und kurz danach kommen wir auf die Wiesenflächen der Tangener Alm. Links oberhalb des Weges sehen wir Tisch und Bänke, dort haben wir auch die beste Aussicht.

Von diesem Aussichtspunkt aus gehen wir auf Weg Nr. 17, nun ein breiter Almweg, gemächlich abwärts. An der Verzweigung, wo es nach rechts zur Sommereggerhütte hoch ginge, halten wir uns links. Bald macht der Weg eine scharfe Linkskurve und hält dann auf das Zufahrtssträßchen zu, das wir noch vom Hochfahren her kennen. Hier biegen wir nach links ab und sind nach kurzem Anstieg wieder zurück bei der Hütte.

AUSGANGSPUNKT
Pichlhütte (1336 m). Zufahrt (mautfrei) ab Tangern.

ZEIT
Etwa 2 Stunden.

HÖHENUNTERSCHIED
Etwa 250 Meter.

EINKEHRMÖGLICHKEIT
Pichlhütte.

SONSTIGES
Die Wanderung verläuft erst auf einem Pfad, zurück auf Almsträßchen. Gut für Kinder geeignet. Auch bei Regen möglich.

Am Millstätter See entlang

Wie an vielen Seen kann man auch am Millstätter See Wandern und Schiff fahren verbinden. Immerhin existiert eine Flotte von vier Linienschiffen, stilecht geführt von Kapitänen in schmucken Uniformen. Und da die Nockberge direkt an den See grenzen, wäre es schade, wenn man dieses Angebot nicht ausnützen würde, zumal man bei Schifffahrt bzw. Wanderung wunderbare Blicke auf Mirnock, Millstätter Alpe, Goldeck und die Reißeckgruppe hat. Während am Nordufer, bedingt durch die belebte Straße und die Orte, eine Wanderung weniger empfehlenswert ist, lädt einen das Südufer schon durch den bloßen Anblick dazu ein – es ist einsam, fast ohne Häuser und meist im schattigen Wald.

WEGVERLAUF. Die Strecke Döbriach – Seeboden ist 13 Kilometer lang. Egal, wo man startet, man kann von der anderen Seite aus mit dem Schiff zurückfahren.

Auch unterwegs gibt es Möglichkeiten, die Gehstrecke abzukürzen, wenn man nicht mehr kann: Die Schiffe legen an den Stationen Großegg, Süduferweg und Laggerhof an. Besonders die Station Laggerhof bietet sich für eine kürzere Wanderung an: Sie ist von Döbriach 5,5 Kilometer und von Seeboden 7,5 Kilometer entfernt, außerdem gibt es hier eine Einkehrmöglichkeit.

AUSGANGSPUNKT
Döbriach oder Seeboden (580 m).

ZEIT
Etwa 3–4 Stunden.

HÖHENUNTERSCHIED
Unwesentlich.

EINKEHRMÖGLICHKEIT
Döbriach, Seeboden, unterwegs.

SONSTIGES
Der Weg ist gut zu gehen, z. T. geschottert, z. T. handelt es sich um Naturwege im Wald; er kann nicht verfehlt werden. Die Wanderung kann auch gut mit Kindern unternommen werden. Radfahren lockt zwar, ist jedoch nicht durchgehend möglich.

Zum Zwergsee

Ein kurzer, gemütlicher Spaziergang führt von Kleindombra aus durch den Wald zum idyllischen Zwergsee, eine Tour, die auch Kindern gefallen wird.

WEGVERLAUF. In Millstatt folgen wir der Obermillstätter Straße bis zum Parkplatz am Friedhof (zwischen Millstatt und Kleindombra). Gleich nördlich des Parkplatzes zweigt nach rechts das Sträßchen nach Kleindombra ab. Im Ort nehmen wir den nach rechts abgehenden Weg Nr. 34, mit dem wir – ab und zu mit schönem Blick zum Millstätter See – zu einem Querweg kommen. Links geht es zum Zwergsee. Hinter der Hütte führt ein schmaler Pfad nach oben. Er bringt uns zum Klieberteich und von dort zurück zum Ausgangspunkt.

AUSGANGSPUNKT
Millstatt, Friedhof.

ZEIT
Etwa 1–2 Stunden.

HÖHENUNTERSCHIED
Unwesentlich.

EINKEHR-MÖGLICHKEIT
Millstatt.

SONSTIGES
Wir wandern auf Forstwegen und Pfaden, zum Teil begleitet uns ein Trimm-dich-Pfad. Empfehlenswert ist auch der Besuch der Kalvarienbergkapelle im Friedhof. Auch bei Regen möglich.

Über den Zwergsee zum Ortnerfall

Diese Wanderung um Obermillstatt führt zuerst zu zwei idyllisch gelegenen Waldseen, danach zu einem der wenigen Wasserfälle im Nockgebiet. Er stürzt im tiefen Wald mit mehreren Kaskaden über schwarzes Gestein. Dazwischen haben wir vom Aussichtspunkt Kanzel einen herrlichen Blick über den Millstätter See.

AUSGANGSPUNKT
Obermillstatt.

ZEIT
Etwa 3 Stunden.

HÖHENUNTERSCHIED
Etwa 340 Meter.

EINKEHR-MÖGLICHKEIT
Obermillstatt.

SONSTIGES
Die Wanderung verläuft meist auf Pfaden. Auf den Holzbrücken sollte man vorsichtig sein, denn sie können rutschig sein.

WEGVERLAUF. Wir gehen vom Parkplatz in der Ortsmitte hinab zur Landstraße und auf ihrer anderen Seite in Richtung »Kleindombra« auf dem Wiesenweg weiter, erst links, dann rechts des Bächleins bis zu den nächsten Häusern. Hier folgen wir dem breiten Weg nach rechts. Nach Haus 9 (Klieber) werden wir in Richtung »Klieberteich Zwergsee« nach links verwiesen.

Wir kommen in den Wald, es folgt ein kurzer Anstieg, dann sind wir am Klieberteich, danach geht es mit Auf und Ab weiter zum Zwergsee. Hier folgen wir kurz dem abwärts führenden breiten Weg, dann biegen wir in Richtung »Kanzel Obermillstatt« nach links ab. Wir überqueren einen Bach, es steigt an und bald können wir nach rechts einen Abstecher zum Aussichtspunkt Kanzel machen. Hier sieht man schön auf den Millstätter See und einen Wasserfall des Pesentheiner Baches. Danach steigt es weiter an, wir halten uns an die Schilder nach »Malchensitz

Obermillstatt«, dann zweigt Weg 33 a nach rechts ab, nun orientieren wir uns an der Bezeichnung »Übergang Pöllandschlucht Lammersdorf«. Auf dieses Zeichen müssen wir immer achten. Wir kommen rechts an Malchensitz vorbei, danach steigen wir hinab in die Pöllandschlucht, dann geht es wieder hoch und über Wiesen nach Lammersdorf.

Wir überqueren die Landstraße und folgen dem kurz danach nach links ziehenden Weg nach »Obermillstatt«. Schließlich kommen wir zum Bach. Wer will, kann hinter ihm direkt nach Obermillstatt gehen. Der Weiterweg ist zwar eine halbe Stunde länger, aber durch den Wasserfall auch erlebnisreicher.

Hierzu gehen wir rechts des Baches durch die fast urwaldartige Schlucht weiter hinauf. Schließlich werden wir auf den »Rundweg« nach links verwiesen, steigen aber erst noch ein paar Minuten geradeaus weiter hoch zum Ortnerfall.

Danach gehen wir kurz zurück, dann folgen wir dem Rundweg nach rechts. Es steigt etwas an bis zu einem Sträßchen, hier halten wir uns links bis zum Bach, wo wir nach links abbiegen und an ihm entlang zurück zum Ausgangspunkt gehen.

Jufenkreuz
(1802 m)

Es ist zwar keine stramme Bergwanderung, die zum Jufenkreuz führt, sondern nur ein kurzer Spaziergang – aber dieser herrliche Aussichtspunkt ist gerade recht für Tage, an welchen man sich nicht übermäßig anstrengen will. Es gibt von hier aus aber auch Möglichkeiten, größere Touren zu unternehmen.

WEGVERLAUF. Wir folgen, vorbei an der Lammersdorfer Hütte, dem Almsträßchen. Wo dieses eine Linkskurve macht, gehen wir geradeaus weiter und erreichen nach kurzer Zeit das Jufenkreuz.

Zurück gehen wir auf demselben Weg; wer aber doch Lust bekommen hat, die Tour ein wenig auszudehnen und eine kleine Rundwanderung zu unternehmen, dem bieten sich verschiedene Möglichkeiten.

Man kann hierzu nach dem Kreuz dem abwärts führenden Steig folgen. Nach einigem Bergab – die Wegnummern sind erst 1913, dann 1911 – gibt es zwei Möglichkeiten, nach rechts zur Lammersdorfer Hütte zurückzukehren. Dies bringt aber einen Anstieg mit sich – je nachdem, wie weit man abgestiegen ist.

Man kann aber auch von der Lammersdorfer Hütte aufsteigen zum Lammersdorfer Berg (2063 m) und von dort aus sogar noch weitergehen bis zum Obermillstätter Almkreuz (2046 m). In einer weiteren Stunde hat man diesen Aufstieg geschafft – und die Aussicht von hier oben ist natürlich noch beeindruckender als von weiter unten. Hierzu geht man das Almsträßchen, das uns nach der Hütte in Richtung Jufenkreuz brachte, an der Linkskurve einfach weiter – so lange, wie man Lust hat, aufzusteigen. Dann kehrt man auf dem Anstiegsweg zurück.

AUSGANGSPUNKT
Lammersdorfer Hütte (1644 m).

ZEIT
Jufenkreuz etwa 1 Stunde.

HÖHENUNTERSCHIED
Etwa 160 Meter – oder mehr, je nach Rückweg.

EINKEHR-MÖGLICHKEIT
Lammersdorfer Hütte.

SONSTIGES
Almwanderung auf Almsträßchen und Pfaden, wegen der Kürze auch gut für Kinder geeignet.

Kamplnock (2101 m) – Millstätter Alpe

Die Millstätter Alpe ist ein herrlicher Aussichtsbalkon hoch über dem gleichnamigen See. Man hat Ausblicke in die Hohen Tauern, die Julischen Alpen, Goldeck und Dobratsch im Vordergrund, die Nockberge mit dem beherrschenden Rosennock und natürlich hinab zum 1000 Meter tiefer liegenden See.

Die Gipfel, die man bei der hier beschriebenen Wanderung überschreitet, sind – ist man einmal oben – zwar nur »Höcker« im Kamm, durch Auf und Ab und einen größeren Zwischenabstieg kommen aber trotzdem 1200 Höhenmeter zusammen.

Aufmerksame Wanderer werden bemerken, dass sich in den Steinen am Wegrand und auf den Wegen dunkelrote Granaten befinden – diese sind im vorigen Jahrhundert hier abgebaut und nach Weiterverarbeitung als »böhmische« Granaten bekannt geworden.

WEGVERLAUF. Ab der Schwaigerhütte folgt man dem Wegweiser zur Millstätter Hütte (1876 m), bei dieser geht es nach rechts zum Millstätter Törl. Hier steigen wir links des Zaunes nach rechts zum bereits seit Anfang sichtbaren felsigen Kamplnockgipfel auf.

Anschließend wandern wir auf dem durch Bergzerreißung teilweise als Doppelgrat ausge-

AUSGANGSPUNKT
Schwaigerhütte (1625 m), erreichbar auf einer Mautstraße.

ZEIT
Etwa 6 Stunden.

HÖHENUNTERSCHIED
Etwa 1200 Meter.

EINKEHRMÖGLICHKEIT
Schwaigerhütte, Lammersdorfer Hütte.

SONSTIGES
Der Weg führt anfangs und am Schluss über die Weiden der Millstätter Alpe, ab der Lammersdorfer Hütte geht es ein Stück durch den Wald. Die Wege und Steige sind gut markiert und bestens zu begehen. Wer nur bis zum Obermillstätter Almkreuz geht, kann auch Kinder mitnehmen.

bildeten Kamm in östlicher Richtung zum Obermillstätter Almkreuz. Wer sich einen Abstieg über 400 Höhenmeter mit anschließendem Wiederanstieg nicht zutraut, geht ab hier auf dem Weg unterhalb des Kammes zurück.

Der Weg am Kamm entlang geht bald nach dem Millstätter Almkreuz in ein Almsträßchen über, ihm folgen wir bis zur Lammersdorfer Hütte (1644 m).

An der letzten Kehre vor der Hütte kann man noch einen Abstecher zum Jufenkreuz (1802 m) mit seinem umfassenden Rundblick machen.

Am Ende des Hüttenparkplatzes beginnt Weg Nr. 56, welcher bald in eine Forststraße mündet. Ihr folgen wir bergab, bis an einer Kehre Weg Nr. 192 zur Ebene Gries (1522 m) angezeigt wird.

Dort steigen wir auf bezeichnetem Weg wieder hoch zum Obermillstätter Almkreuz, ab hier geht es auf dem Weg unterhalb des Kamms wieder zurück.

Drei-Hütten-Kinderwagen-Tour auf der Millstätter Alm

Diese Wanderung ist natürlich nicht nur etwas für Eltern, die einen Kinderwagen schieben »müssen«. Es bedeutet nur, dass es möglich ist, da sie ständig auf geschotterten Almsträßchen verläuft. Bei dieser aussichtsreichen Wanderung berühren wir drei Hütten, in denen wir einkehren können; für Kinder, die selbst gehen, steht jedes Mal ein Spielplatz bereit.

Schon auf der Fahrt haben wir herrliche Blicke hinab zum Millstätter See, oben bei den Hütten noch zusätzlich auf die Millstätter Alpe. Nach Süden sieht man zu den (von links) Karnischen Alpen, Julischen Alpen und den Karawanken mit den vorgelagerten Gailtaler Bergen.

WEGVERLAUF. An der Schwaigerhütte müssen wir uns entscheiden. Wir können entweder nur zur Alexanderhütte oder zur Millstätter Hütte wandern und auf demselben Weg wieder zurückgehen. Der Weg zur Millstätter Hütte ist etwas steiler. Oder wir machen eine Rundwanderung. Dann gehen wir erst zur Alexanderhütte, danach folgt noch ein kurzer Aufschwung, danach geht es fast eben weiter zur Millstätter Hütte. Von hier aus wandern wir auf dem Wirtschaftsweg wieder hinab.

AUSGANGSPUNKT
Schwaigerhütte, erreichbar auf der Millstätter Almstraße.

ZEIT
Zur Alexanderhütte etwa eine 1/2 Stunde, zur Millstätter Hütte etwa 3/4 Stunden, zurück jeweils etwas weniger. Rundweg etwa 2 Stunden.

HÖHENUNTERSCHIED
Zu den Hütten je etwa 160 Meter, Rundweg etwa 250 Meter.

EINKEHR-MÖGLICHKEIT
Schwaigerhütte, Alexanderhütte, Millstätter Hütte.

SONSTIGES
Die Wanderung verläuft auf geschotterten Wirtschaftswegen. Kann auch bei Regen unternommen werden.

Millstätter Alpe – Verschiedene Möglichkeiten mit viel Aussicht

Dies ist eine Erweiterung der Tour 11. Wir besteigen dabei einen oder mehrere Gipfel, was die Aussicht noch erweitert. So können wir beispielsweise zu den Hohen Tauern mit dem ewigen Eis der Hochalmspitze sehen, hinab ins Liesertal mit der großen Autobahnbrücke, zu den Salzburger Niederen Tauern und auf die Nockberge mit dem Großen Rosennock und dem Eisenhut.

WEGVERLAUF. Wir müssen uns entscheiden, wie viele Gipfel wir »mitnehmen« wollen, danach richtet sich unser Wegverlauf.

Wer nur auf den Kamplnock will, nimmt von der Schwaigerhütte aus den Weg zur Millstätter Hütte, geht weiter zum Millstätter Törl und zweigt dahinter nach rechts ab zum Kamplnock. Danach geht man zurück zur Millstätter Hütte und von hier aus entweder direkt zurück zur Schwaigerhütte oder über die Alexanderhütte – was landschaftlich etwas schöner und nur unwesentlich länger ist. Wer nach der Besteigung des Kamplnocks noch Lust auf mehr bekommen hat, steigt auf der anderen Seite in einer halben Stunde noch auf zum Hochpalfennock.

Man kann die Tour aber etwas erweitern. Hierzu geht man zur Alexanderhütte und folgt von hier aus erst dem Weg in Richtung »Sommeregger Hütte«. Es geht hoch zum Tschierweger Nock, etwas später verzweigt sich der Weg. Wir bleiben auf dem Kamm und wandern weiter zum Hochpalfennock, danach steigen wir hinab zum Millstätter Törl.

Jetzt kann man entweder in einer knappen Dreiviertelstunde noch aufsteigen zum Kamplnock oder gleich hinab zur Millstätter Hütte und weiter zur Schwaigerhütte gehen.

AUSGANGSPUNKT
Schwaigerhütte, erreichbar auf der Millstätter Almstraße.

ZEIT
Zur Alexanderhütte etwa eine 1/2 Stunde, zur Millstätter Hütte direkt etwa 3/4 Stunden. Über den Tschierweger Nock und den Hochpalfennock zum Millstätter Törl etwa 1 1/2 Stunden, Auf- und Abstieg vom Millstätter Törl zum Kamplnock oder zum Hochpalfennock je etwa 50 Min. Zurück zur Schwaigerhütte etwa 3/4 Stunden.

HÖHENUNTERSCHIED
Zur Millstätter Hütte etwa 160 Meter, Weiterweg zum Kamplnock etwa 240 Meter. Über Tschierweger Nock und den Hochpalfennock zum Millstätter Törl etwa 480 Meter, vom Millstätter Törl zum Kamplnock etwa 200 Meter.

EINKEHR-MÖGLICHKEIT
Schwaigerhütte, Alexanderhütte, Millstätter Hütte.

SONSTIGES
Zu den Hütten Wirtschaftswege, dies ist auch bei Regen möglich. Auf die Gipfel Steige.

Kneipp- und Mühlenwanderweg Kaning

Am Roßbach hatte im 19. Jahrhundert fast jeder Kaninger Bauer seine Mühle, in der er sein Korn mahlte. Einst waren es 22 Flodermühlen, heute sind noch sechs erhalten, die alle aus dem 19. Jahrhundert stammen.

Der Kneipp- und Mühlenwanderweg bietet mehrere Möglichkeiten. Mit den verschiedenen Mühlen, den Spielgeräten und Grillmöglichkeiten ist auch für Kinder allerlei geboten.

Wer ihn mit Kindern unternimmt, wandert vielleicht nur ihn ab und kehrt nach der letzten Mühle, der Adammühle, um bzw. geht ein Stück auf der anderen Seite des Baches zurück.

Ansonsten wandert man weiter das Langalmtal hinauf bis zur Petodnighütte oder sogar bis zur Erlacher Hütte.

WEGVERLAUF. Der Wegverlauf ist einfach. Wir starten am großen Parkplatz beim Türkhaus vor Kaning, dann müssen wir nur noch dem Weg durch das Langalmtal den Roßbach entlang folgen. Nach der Adammühle muss man sich entscheiden: Man kann entweder auf demselben Weg zurückgehen oder ein Stück auf der anderen Seite des Baches.

Wer nach Kaning will, hat zweimal die Möglichkeit, vom Mühlenwanderweg abzuzweigen. Oder man folgt dem Weg weiter bis zur Petodnig- oder sogar bis zur Erlacher Hütte.

Von dort aus kann man entweder auf demselben Weg zurückmarschieren oder der Straße folgen. Dies hat den Vorteil, dass man ganz andere Eindrücke vom Tal gewinnt, allerdings muss man mit dem Zufahrtsverkehr zu den Hütten rechnen.

AUSGANGSPUNKT
Kaning.

ZEIT
Nur Mühlenwanderweg etwa 1 ½ Stunden, zur Petodnighütte etwa 3 ½ Stunden, zur Erlacher Hütte etwa 4 ½ Stunden.

HÖHENUNTERSCHIED
Nur Mühlenwanderweg etwa 150 Meter, zur Petodnighütte etwa 450 Meter, zur Erlacher Hütte etwa 620 Meter.

EINKEHR-MÖGLICHKEIT
Kaning, Petodnighütte, evtl. Mühlenwanderweg.

SONSTIGES
Gemütliche, aber stetig ansteigende Wanderung. Kann auch bei Regen unternommen werden. Die Wanderung, zumindest die kurze Teilstrecke auf dem Mühlenwanderweg, wird auch Kindern viel Spaß machen. Sie ist auch mit stabilen Kinderwagen möglich. Es gibt 6 Grillstellen und verschiedene Toilettenhäuschen. Wer beim Backen und Mahlen zusehen will, sollte sich vorher nach den Zeiten erkundigen.

Mitterlaßnig Mühle
ERBAUT UM 1800

STATIONEN DES KNEIPP- UND MÜHLENWANDERWEGS.

1. *Türkhaus (Informationszentrum zum Mühlenwanderweg und zum Nationalpark Nockberge, Ton-Dia-Schau, Sonderschau des Museums für Volkskunde, Spittal, Dokumentation zum Bergbau rund um Kaning, bäuerlicher Hausgarten)*
2. *Kräuter- und Blumengarten, Mini-Mühle*
3. *Schautafeln zu den Flodermühlen, zu Gebirgsbächen und zum Bachufer*
4. *Neuwirt-Doppelmühle (Mahlvorführungen)*
5. *Energetischer Kraftpunkt*
6. *Brotbackstube*
7. *Blockstadl mit alten Geräten*
8. *Spiel- und Liegewiese*
9. *Stinigmühle*
10. *Energetischer Kraftpunkt*
11. *Trattnigmühle*
12. *Rauermühle, Holzknechtkram*
13. *Veidl- oder Mitterlaßnigmühle*
14. *Energetischer Kraftpunkt*
15. *Felsendusche (etwas für ganz Mutige!)*
16. *Schautafeln zu Wald und bäuerlichem Handwerk*
17. *Bärenwand (Kletterwand, ist allerdings nicht für jedermann zu machen)*
18. *Pelzjägerhütte*
19. *Adammühle*

Außerdem ein Hexenhäusl für Kinder, der alte, riesige Dorfbrunnen von Kaning, sechs Grillstellen, Kneippbecken und Toilettenhäuschen.

Vom Nöringsattel zur Millstätter Alpe

Bei dieser Wanderung besteigen wir die Millstätter Alpe von der Nordwestseite.

WEGVERLAUF. Wir folgen kurz vor Kaning dem nach links weisenden Schild »Magnesitbergbau« (mautfrei). Am Nöringsattel wandern wir noch kurz nach Norden bergab, bis nach links ein Steig (Nr. 194) zur Millstätter Hütte hochgeht. Auf ihm erreichen wir einen Almweg, der uns nach links zum Millstätter Törl (1905 m) bringt.

Hier haben wir nun verschiedene Möglichkeiten. Wir können z. B. nach rechts zum Hochpalfennock (2099 m) aufsteigen und am Kamm entlang sogar so lange in Richtung Tschiernock wandern, wie wir Lust haben.

Wir können aber auch nach links zum bereits sichtbaren Gipfelkreuz des Kamplnocks (2101 m) hochgehen und von dort aus weiter, z. B. bis zum Obermillstätter Almkreuz (2046 m), wandern.

In wenigen Minuten sind wir aber auch vom Millstätter Törl zur Millstätter Hütte (1876 m) abgestiegen.

Zurück nehmen wir jeweils denselben Weg.

AUSGANGSPUNKT
Nöringsattel (1666 m).

ZEIT
Etwa 2–4 Stunden, je nachdem.

HÖHENUNTERSCHIED
Etwa 400–500 Meter, je nachdem.

EINKEHR-MÖGLICHKEIT
Millstätter Hütte.

SONSTIGES
Wir benützen Steige und Almwege.

Kaninger Wolitzenhütten (2070 m) – Plattnock (2316 m)

Diese Wanderung ist geeignet für Wanderer, die gerne längere und einsame Streckenwanderungen in (relativ) unberührter Landschaft unternehmen. Man wird bei dieser Tour ziemlich allein sein.

WEGVERLAUF. Wir nehmen den Weg, der in Kaning nach der Kirche geradeaus nach Norden aus dem Dorf herausführt. Er zieht sich zweimal in Serpentinen nach oben, dann mündet von rechts Weg Nr. 169 ein. An der Verzweigung, wo der Weg 1691 nach rechts zum Rosennock abgeht, bleiben wir links. Kurz danach kommt ein Rechtsbogen; wir überqueren hier den Tiefenbach.

Nach einiger Zeit windet sich unser Weg nach rechts nochmals in Serpentinen aufwärts. Es geht nun weiter hoch bis zu den Kaninger Wolitzenhütten, die recht idyllisch an kleinen Tümpeln liegen. Wer noch möchte, kann nach links auf Steigspuren den Plattnock besteigen.

Zurück gehen wir denselben Weg.

AUSGANGSPUNKT
Kaning (1023 m).

ZEIT
Etwa 5–6 Stunden.

HÖHENUNTERSCHIED
Etwa 1050 Meter bis zu den Wolitzenhütten, zum Plattnock nochmals etwa 250 Meter.

EINKEHRMÖGLICHKEIT
Kaning.

SONSTIGES
Man wandert auf Feldwegen, zum Plattnock auf Steigspuren bzw. weglos.

Rund um
Bad Kleinkirchheim

Bei dieser Wanderung wird viel Natur und Kultur geboten. Wir spazieren durch die Wiesen und Wälder beiderseits des Bad Kleinkirchheimer Tals, erleben verschiedene Bächlein, haben immer wieder einen schönen Ausblick ins Tal und auf den Ort und kommen an einem immer offenen Museum, Kirchen, Troadkästen und alten Mühlen vorbei.

AUSGANGSPUNKT
Bad Kleinkirchheim.

ZEIT
Etwa 4 Stunden.

HÖHENUNTERSCHIED
Etwa 450 Meter.

EINKEHR-MÖGLICHKEIT
Im Ort.

SONSTIGES
Einfache Wanderung mit geringen Höhenunterschieden, meist auf festen Wegen, nur kurze Teilstücke auf Pfaden. Kann auch bei Regen unternommen werden. Die Wanderung ist auch für Kinder geeignet, sofern sie die Länge bewältigen.

WEGVERLAUF. Parken können wir am westlichen Ortsausgang auf dem großen Parkplatz. Dann spazieren wir auf der Dorfstraße ins Zentrum, wo sich links die St.-Kathrein-Therme und rechts die Tourismusinformation befindet, hier besorgen wir uns am besten einen Ortsplan. Hinter dem Parkplatz bei der Tourismusinformation biegen wir nach rechts ab (»zum Talrundweg«). Wir orientieren uns immer an den gelb-rot-gelben Wanderzeichen. Gleich darauf biegen wir nach links ab, an der nächsten Querstraße geht es vor der alten Brechlhütte etwas nach links versetzt weiter (»Talrundweg Römerbad«). Kurz darauf gehen wir nach rechts über den Bach zum immer geöffneten Museumsstadl. Ihn sollten wir auf jeden Fall besichtigen.

Danach kommen wir zur Kaiserburgbahn, vor ihr halten wir uns am Parkplatz links und gehen zwischen der Talstation und dem Römerbad weiter. Ist das Wetter gut und haben wir Zeit, können wir uns, wenn wir Inhaber einer Kärnten Card sind, überlegen, ob wir nicht einen Abstecher auf die Kaiserburg machen und dort zum Wöllaner Nock spazieren. Von ihm aus hat man einen prächtigen Blick zu den Nockbergen und nach Süden.

Wenn wir weiter gehen, biegen wir nach dem Römerbadparkplatz nach rechts ab, dann nach links in den Mahlerweg. Gleich darauf nehmen wir den unterhalb des Troadkastens nach rechts abzweigenden Wiesenweg und spazieren auf dem folgenden Weg in Gehrichtung weiter.

Die beiden Fußballplätze umgehen wir rechts (»Rottenstein«) und wandern am Waldrand auf einem Wiesenweg, später im Wald weiter. Nun steigt es etwas an, dann fällt es wieder. Wir kommen zu einem Haus und hinab zum Golfplatz und zur Landstraße. Auf ihrer anderen Seite steigt es wieder an (»Bad Kleinkirchheim«). Bei den Häusern zieht der Weg nach links, nun geht es im Wald weiter. Ab jetzt orientieren wir uns immer an der Bezeichnung »Sonnenweg«.

Den an einen Felsen angebauten Felsenhof umgehen wir rechts. Am nächsten Querweg biegen wir nach rechts ab, gleich darauf an der alten Mühle geht es nach links in den Zirkitzer Weg. An der Verzweigung gleich danach an der Hofgruppe folgen wir dem Sonnenweg nach links. Nach den Häusern geht es auf einem Wiesenweg weiter. Auch an der nächsten Verzweigung bleiben wir links auf dem Sonnenweg (Ziehrer Weg). An der nächsten Kurve zweigen wir nach rechts auf einen Pfad ab. Am übernächsten Haus (Schubertweg 1) geht es mit einem Links-Rechts-Knick weiter. Bald erreichen wir die kath. St. Ulrichskirche, die wir besichtigen sollten. Sie besitzt einen sehenswerten Altar, einige schöne Figuren und eine umfangreiche Ausmalung, wobei vor allem das Deckenfresko mit der Schlacht am Lechfeld interessant ist. Beachtenswert ist vor allem auch die moderne Jakobskapelle hinter der Kirche. Sie besitzt eine hölzerne Wandverkleidung, eine stilvolle Ausmalung und einen interessanten Glaserker.

Vor der Kirche halten wir uns rechts zum Kirchenwirt und gehen rechts an ihm vorbei. Kurz darauf biegen wir in den Edelweißweg nach links ein, gleich danach sollten wir die alte Hubermühle beachten, sie ist eine typische Flodermühle. An der querenden St. Oswalder Straße danach biegen wir nach rechts, dann gleich nach links ab. Hier steht rechts die ev. Kirche. Sie wurde um 1938 von dem Künstler Switbert Lobisser entworfen, auch die Innenausstattung stammt von ihm. Wenn sie geöffnet ist, sollten wir einen Blick hineinwerfen. Sie ist die einzige ev. Holzkirche Kärntens und erinnert an skandinavische Kirchen. Dahinter folgen wir dem Wiesenweg. Schließlich stoßen wir nach dem nächsten Hof mit den beiden Troadkastn auf die Straße. Ihr folgen wir kurz nach links, nach dem Ortsschild Aigen und der Brücke biegen wir nach links ab. Nun geht es wieder hinab.

Bald sehen wir links unten die kath. Kathreinkirche (St. Katharina im Bade). Wir gehen hinab zu ihr und können unterhalb der Kirche den Kräutergarten besichtigen, dann biegen wir nach rechts ab. Nun steigt es etwas an bis zum Trattler-Kalkbrennofen.

Danach geht es noch fünf Minuten weiter, dann zweigt der Sonnenweg nach links ab. Wir wandern bis zu der querenden Schlucht, durch die der St. Oswalder Bach mit mächtigem Getöse stürzt. Links abbiegend kommen wir nach dem Wald zur alten Trattnigmühle, ebenfalls eine Flodermühle. Danach sehen wir einen Troadkastn. Wir spazieren geradeaus bis zur Landstraße und nach links zurück zum Ausgangspunkt.

Auf den Höchsten des Nationalparks: Großer Rosennock (2440 m)

Der große Rosennock ist der höchste Gipfel des Nationalparks Nockberge. Da allein stehend, hat man von ihm aus eine grandiose Aussicht: nach Nordwesten die Hohen Tauern mit der alles beherrschenden Hochalmspitze im Vordergrund, nach Süden Triglav mit den Karnischen Alpen und ringsum lauter Nockberge.

WEGVERLAUF. Ab der Erlacher Hütte wandern wir auf Weg Nr. 170 zuerst eine halbe Stunde auf einem Almweg, dann auf einem Steig ständig bergan. Kurz nach der Hütte kommt schon der Gipfel – rechts von ihm der Kleine Rosennock – ins Blickfeld. Ganz rechts sieht man die geologisch und botanisch äußerst interessante Zunderwand; sie gehört zu dem schmalen Kalkband, das die Nockberge von Nord nach Süd durchzieht. Der gut bezeichnete Steig führt, am Schluss über freie Almmatten, über den breiten Rücken des Rosennocks auf dessen Gipfel.

Dann gehen wir erst ein Stück auf dem Anstiegsweg zurück, bis Weg Nr. 13 über den Naßbodensee zu einem Almboden abzweigt; von ihm aus geht es links hoch zum Thörl.

Hier sieht man rechts schon das Gipfelkreuz des Predigerstuhls. Nun steigen wir abwärts zur Erlacher Bockhütte. Vor der Hütte halten wir uns links zur Oswalder Bockhütte, die wir über einen Sattel erreichen. Ab dieser Hütte weist schon ein Zeichen zum Ausgangspunkt. Nach kurzem Abstieg sind wir zurück.

AUSGANGSPUNKT
Erlacher Hütte (1636 m). Mautfrei erreichbar ab Kaning durch das Langalmtal.

ZEIT
Etwa 5 Stunden.

HÖHENUNTERSCHIED
Etwa 1100 Meter.

EINKEHR-MÖGLICHKEIT
Erlacher Hütte, Erlacher Bockhütte, Oswalder Bockhütte.

SONSTIGES
Es handelt sich um eine alpinistisch einfache, jedoch anstrengende Wanderung, meist über freie Almflächen.

Alpenrosensuchen an der Zunderwand

Die Zunderwand gehört zu dem bis zu drei Kilometer breiten Kalkband, das die Nockberge, die ansonsten aus Ur- oder kristallinem Gestein bestehen, von Nord nach Süd durchzieht. Interessant ist die Tour auch deswegen, weil auf dem Kalkschutt eine ganz andere Flora wächst als in den übrigen Nockbergen – z. B. findet man hier die Bewimperte Alpenrose, ansonsten aber die Rostrote. Der Übergang kann oft auf wenigen Metern stattfinden. Wer ein Auge dafür hat, kann beim Abstieg unterhalb der Schwarzen und der Roten Burg auch die Abraumhalden des früheren Eisenerzabbaus erkennen.

WEGVERLAUF. Ab der Erlacher Hütte nehmen wir Weg Nr. 170, der auch zum Großen Rosennock führt. Bald tauchen rechts auch die weißen Felsen der Zunderwand auf, links davon der Kleine und der Große Rosennock, der mit 2440 Metern höchste Berg des Nationalparks Nockberge. Die Abzweigung zum Naßbodensee ist beschildert.

Ab dem See geht es auf Weg Nr. 143 rechts hinab zu einem idyllischen Talboden mit einem Bach, von hier aus zieht der Pfad nach rechts unterhalb der Zunderwand mit dem Predigerstuhl als Gipfel (2170 Meter) in Richtung Erlacher Bockhütte entlang.

Wer will, kann noch einen Abstecher zum Pfannock (2254 m) einlegen, ansonsten wandern wir über den Grat zur Oswalder Bockhütte.

Beim Abstieg erkennt man am gegenüberliegenden Hang die Felsformationen der wegen ihrer Farbe so genannten Schwarzen und Roten Burg. Vor der Hütte weist das Schild nach rechts zum Ausgangspunkt.

AUSGANGSPUNKT
Erlacher Hütte (1636 m). Mautfrei erreichbar ab Kaning durch das Langalmtal.

ZEIT
Etwa 4 Stunden, mit Pfannock etwa 1 1/2 Stunden zusätzlich.

HÖHENUNTERSCHIED
Etwa 500 Meter, mit Pfannock etwa 300 Meter zusätzlich.

EINKEHRMÖGLICHKEIT
Erlacher Hütte, Oswalder Bockhütte.

SONSTIGES
Einfache, mäßig anstrengende, aber botanisch und geologisch äußerst interessante und aussichtsreiche Wanderung.

Stileck

(2179 m)

In direkter »Nachbarschaft« zum Großen Rosennock liegt das Stileck, ebenfalls ein guter Aussichtsberg in der Kernzone des Nationalparks.

WEGVERLAUF. Wir folgen kurz vor Kaning dem nach links weisenden Schild »Magnesitbergbau«. Am Nöringsattel müssen wir rechts abbiegen zur Thomanbauerhütte. Kurz nach der Hütte weist uns ein Schild nach links hoch. Der Steig bringt uns zu einem breiten Weg, dem wir nach links folgen. Am Schild »Stileck schwierig« gehen wir rechts hoch. Das »schwierig« bezieht sich nur darauf, dass es nun auf einem schmalen Pfad steil zum Kamm der Bergkette hochgeht. Oben am Kamm haben wir einen schönen Blick auf das Liesertal mit Malta und die dahinterliegenden Hohen Tauern. Der Pfad zum Stileck zieht nun weiter nach rechts.

Auf dem Rückweg kann man noch einen kurzen Abstecher nach links zum Langennock (2109 m), der direkt dem Großen Rosennock gegenüber liegt, einlegen. Ansonsten wandern wir auf dem Kamm nach Süden zum schon lange sichtbaren Gipfelkreuz des Rabenkofels (2059 m). Ab hier spazieren wir auf dem zu Anfang verschmähten breiten Almweg wieder zurück.

Wer den steilen Anstieg jedoch umgehen möchte, folgt ab der Hütte diesem breiten Weg bis zum Rabenkofel, wendet sich hier nach rechts und wandert den Kamm entlang zum Stileck – wie oben als Rückweg beschrieben.

AUSGANGSPUNKT
Thomanbauerhütte (1697 Meter).

ZEIT
Etwa 3–4 Stunden.

HÖHENUNTERSCHIED
Etwa 500 Meter.

EINKEHRMÖGLICHKEIT
Thomanbauerhütte.

SONSTIGES
Der Anstieg verläuft größtenteils auf einem Steig, der Abstieg ab dem Rabenkofel auf einem Almsträßchen.

Wöllaner Nock

(2145 m)

Diese Tour führt uns erst zum Wöllaner Nock, der uns eine prächtige Aussicht nach Süden bietet. Dann folgt ein Abstieg zur Wegerhütte – leider müssen wir anschließend wieder aufsteigen. Die schöne Umgebung entschädigt uns aber für diese Mühe.

WEGVERLAUF. An der Bergstation besichtigen wir zuerst den felsigen Gipfelaufbau der Kaiserburg mit dem schönen Blick nach Bad Kleinkirchheim, das St. Oswalder Tal und weiter nach Norden. Dann spazieren wir direkt nach Süden und erreichen in kurzer Zeit den bereits sichtbaren Gipfel des aussichtsreichen Wöllaner Nock.

Hier wenden wir uns nach rechts und steigen auf Weg Nr. 167 auf dem Kamm des Bergrückens ab, erst ein Stück nach Westen, dann nach rechts in nördlicher Richtung zur Wegerhütte (Feldpannalm, 1500 m). Hier geht es nach rechts weiter. Hinter den Almhütten steigt der Weg (Nr. 3 bzw. 168) wieder an. Vor uns auf der Höhe sehen wir schon das Gebäude der Bergstation. Der Weg führt rechts des Feldpannbaches durch schönen lichten Lärchenwald empor und biegt nach einiger Zeit, den Bach überquerend, nach links zur Roßalmhütte ab. Hier orientieren wir uns rechts und kommen bergauf wieder zur Kaiserburg.

AUSGANGSPUNKT
Bad Kleinkirchheim, Bergstation Kaiserburgbahn (2055 m).

ZEIT
Etwa 3 Stunden.

HÖHENUNTERSCHIED
Etwa 650 Meter.

EINKEHRMÖGLICHKEIT
Bergstation, Wegerhütte.

SONSTIGES
Einfach zu gehende Wanderung.

Über den Wöllaner Nock (2145 m) nach Bad Kleinkirchheim

Diese schöne, anfangs aussichtsreiche Wanderung führt uns durch ein für die Nockberge typisches Almgebiet, dann geht es durch den Wald ins Tal. Zurück zum Ausgangspunkt kommen wir auf dem Kleinkirchheimer Sonnenweg. Bei Benützung des Busses ist dies eine auch für Kinder oder nicht so ausdauernde Wanderer geeignete Tour.

WEGVERLAUF. Wir fahren zur Bergstation der Kaiserburgbahn, hier sehen wir auch bereits unser erstes Ziel, den südlich davon liegenden Wöllaner Nock. Zuerst gehen wir allerdings in fünf Minuten zu dem kleinen Felsmassiv der Kaiserburg links der Bergstation, dann wandern wir in rund zwanzig Minuten hoch zum Wöllaner Nock. Beide Mal haben wir eine prächtige Aussicht.

Wir spazieren dann vom Wöllaner Nock etwas zurück und biegen nach rechts ab auf den Weg »09 163 Salzsteig«. Wir folgen am Abzweig dem nach links ziehenden Pfad, der auf den Steinen mit den Markierungen weiß-rot-weiß gekennzeichnet ist. In knapp einer halben Stunde steigen wir ab zur Stampferhütte, danach wandern wir auf einem mäßig fallenden Almweg weiter.

Etwa eine halbe Stunde nach der Davidhütte müssen wir aufpassen, denn der markierte Wanderweg zweigt nach links ab. Wer den Abzweig übersehen hat und auf dem Almweg zu einer scharfen Rechtskurve gekommen ist, geht einfach etwa dreißig Meter wieder zurück. Allerdings muss gesagt werden, dass der Abstieg auf dem Almweg zwar weiter, aber bequemer ist. Der Weg auf dem markierten, abzweigenden Pfad führt zwar durch einen schönen, lichten Lärchenwald, geht kurz nach dem Abzweig jedoch steil bergab. Nach fünf Minuten zieht der Pfad etwas nach

AUSGANGSPUNKT
Bad Kleinkirchheim, Bergstation Kaiserburgbahn (2055 m).

ZEIT
Etwa 4 Stunden, bei Benützung des Busses etwa 1 Stunde weniger.

HÖHENUNTERSCHIED
Ganze Tour etwa 200 Meter, bei Benützung des Busses etwa 90 Meter.

EINKEHRMÖGLICHKEIT
Kaiserburg, Golfplatz, Bad Kleinkirchheim.

SONSTIGES
Im Prinzip einfache Wanderung, bei der man zweimal je eine halbe Stunde auf einem Steig steil bergab geht, ansonsten auf festen, breiten Almwegen wandert. Wer mit dem Bus zurückfahren will, sollte sich vorher nach dem Fahrplan erkundigen.

09

rechts; grundsätzlich sollten wir gut auf die Markierungen an den Bäumen achten. Wir überqueren einen breiteren Weg, kommen an einer alten, rechts unten liegenden Hütte vorbei, gehen dann weiter geradeaus und stoßen etwa eine halbe Stunde nach dem Abzweig wieder auf den breiten Forstweg, den wir vorhin verlassen haben.

Wir halten uns links und marschieren auf dem Forstweg in einigen Serpentinen und ab und zu mit freiem Blick in rund einer Stunde hinab zum Golfplatz. Hier müssen wir uns entscheiden. Etwas nach rechts versetzt befindet sich eine Bushaltestelle, von wo aus man zum Ausgangspunkt zurückfahren kann. Eine andere Möglichkeit wäre, ein zweites Auto hier zu deponieren. Ansonsten machen wir uns auf den etwa eine Stunde langen Rückweg. Wir marschieren hierzu auf dem Gehweg neben der Straße etwa zehn Minuten zur nächsten Ansiedlung und biegen vor dem Ortsschild Bad Kleinkirchheim nach rechts ab zu den Häusern, ab hier folgen wir ständig der Bezeichnung »Sonnenweg«. Nach dem letzten Hof geht es auf einem Pfad durch die Wiese weiter zur nächsten Ansiedlung, hier halten wir uns an der Zufahrtsstraße erst links, dann wieder rechts hinauf. Nach dem letzten Haus geht es durch Wald und einige freie Stellen weiter.

Den an einen Felsen angebauten Felsenhof umgehen wir rechts. Am nächsten Querweg biegen wir nach rechts ab, gleich darauf an der alten Mühle geht es nach links in den Zirkitzer Weg. An der Verzweigung gleich danach an der Hofgruppe folgen wir dem Sonnenweg nach links. Nach den Häusern geht es auf einem Wiesenweg weiter. Auch an der nächsten Verzweigung bleiben wir links auf dem Sonnenweg (Ziehrer Weg). An der nächsten Kurve zweigen wir nach rechts auf einen Pfad ab. Am übernächsten Haus (Schubertweg 1) geht es mit einem Links-Rechts-Knick weiter. Bald erreichen wir die kath. St. Ulrichskirche, die wir besichtigen sollten. Nach ihr gehen wir in fünf Minuten hinab zum Ausgangspunkt.

Zur Oswalder Bockhütte
– Variante 1

Kinderwagengeeignet und für die ganz Kleinen

Die Nationalparkbahn in St. Oswald führt mitten hinein in das Herz der Nockberge. Von ihr aus sind viele Touren möglich, einfache und anstrengendere. Das Gute ist, dass man den größten Höhenunterschied bereits geschafft hat.

Dieser Vorschlag ist wegen der Kürze etwas für Eltern mit kleinen Kindern, sogar Kinderwagen können mitgenommen werden.

WEGVERLAUF. Wir halten uns an der Bergstation rechts, kommen an einem kleinen Spielplatz vorbei und an einigen Tierskulpturen, die kleine Kinder erfreuen. Nach rund zehn Minuten zweigt der Weg zur Oswalder Bockhütte nach links ab, in etwa einer halben Stunde Bergabmarsch haben wir diese nette kleine Einkehrmöglichkeit erreicht. Nachdem die Kinder sich erholt und die Eltern die Aussicht genossen haben, machen wir uns auf den Rückweg. Nun steigt es zwar an, aber wir haben ja Zeit.

Anschließend kann man mit den Kindern noch zu dem kleinen »Sandstrand« bei den Strandkörben und Liegen am Brunnachsee gehen.

AUSGANGSPUNKT
St. Oswald, Bergstation Nationalparkbahn (1900 m).

ZEIT
Etwa 1 ½ Stunden.

HÖHENUNTERSCHIED
Etwa 70 Meter.

EINKEHR-MÖGLICHKEIT
Bergstation, St. Oswalder Bockhütte.

SONSTIGES
Einfacher Spaziergang, auch für kleine Kinder. Kann auch bei Regen unternommen werden.

Zur Oswalder Bockhütte
– Variante 2

Über die Rote und die Schwarze Burg – für die etwas größeren Wanderer

WEGVERLAUF. Wir halten uns an der Bergstation rechts und marschieren mit Auf und Ab auf dem breiten, ausgetretenen Weg in knapp vierzig Minuten zum Brunnachgatter. Hier biegen wir nach links ab (»Kleinkirchheimer Wolitzenhütte«). Nun geht es in einer Viertelstunde hinab bis vor die wegen ihrer Farbe so genannte Rote Burg. Hier sollte man mit Kindern eine Pause einlegen, in der sie diese Felsformation erobern können.

Dann geht es vor der Roten Burg nach links weiter, fünf Minuten später müssen wir uns entscheiden. Hier zieht der gut zu erkennende Weg scharf nach links weiter.

Wir können ihm folgen und kommen in knapp einer halben Stunde und vorbei an der Schwarzen Burg – ebenfalls einer wegen ihrer Farbe so genannten Formation – zur Oswalder Bockhütte.

Sind die Kinder etwas größer und einigermaßen trittsicher, wandern wir da, wo der Weg nach links abknickt, noch kurz geradeaus weiter. Der Pfad zieht nach links und wir steigen am Steilabsturz (keine Angst, man kann in einiger Entfernung gehen) ab zum Unteren Oswalder Bocksattel. Auch von hier aus geht es in knapp einer halben Stunde nach links zur Hütte.

Von ihr aus marschieren wir in knapp vierzig Minuten zurück zur Bergstation. Es geht erst rund zehn Minuten relativ flach in einen schönen Lärchenwald, dann steigt es mäßig an zur Brunnachhöhe, wo wir nach rechts auf bekanntem Weg in ein paar Minuten zurück zum Ausgangspunkt gehen.

AUSGANGSPUNKT
St. Oswald, Bergstation Nationalparkbahn (1900 m).

ZEIT
Etwa 2 1/2 Stunden.

HÖHENUNTERSCHIED
Etwa 220 Meter.

EINKEHRMÖGLICHKEIT
Bergstation, St. Oswalder Bockhütte

SONSTIGES
Leichte Wanderung für nicht zu kleine Kinder. Verläuft teilweise auf gut zu gehenden Pfaden, ansonsten auf breitem Weg. Kann auch bei leichtem Regen unternommen werden.

Auf den Mallnock

(2226 m)

Die Wanderung zum aussichtsreichen Mallnock ist recht kurz und bietet uns mit dem herrlichen Rundumblick – auch hinab zur Nockalmstraße mit dem Windebensee – einen guten Eindruck in die Welt der Nockberge. Interessant ist auch die kahle, oft windumtoste Gipfelfläche, wo wir außer Flechten auf den Steinen keine sonstige Vegetation entdecken.

WEGVERLAUF. Wir halten uns an der Bergstation rechts und marschieren mit etwas Auf und Ab zum Brunnachgatter, wo wir uns direkt am Fuß des Mallnocks befinden. Nun beginnt ein rund fünfzigminütiger Aufstieg, der durch die herrliche Aussicht von diesem allein stehenden Gipfel belohnt wird.

Zurück haben wir zwei Möglichkeiten. Entweder wir gehen denselben Weg zurück zur Bergstation und fahren mit der Bahn hinab. Oder wir steigen vom Brunnachgatter aus ab nach St. Oswald. Dies beansprucht zwar rund 1 ½ Stunden, führt auch zum Teil steil bergab, bringt aber ganz andere, ebenfalls schöne Landschaftseindrücke mit sich.

Hierzu halten wir uns, vom Mallnock kommend, am Brunnachgatter links und steigen an der kleinen Schutzhütte vorbei über die Wiese ab. Der Abstieg ist bei Nr. 28 beschrieben.

AUSGANGSPUNKT
St. Oswald, Bergstation Nationalparkbahn (1900 m).

ZEIT
Etwa 2 ½ Stunden.

HÖHENUNTERSCHIED
Etwa 380 Meter.

EINKEHR-MÖGLICHKEIT
Bergstation, St. Oswald.

SONSTIGES
Nette kleine Wanderung, einfach, aber mit etwas Anstieg. Auch für nicht zu kleine Kinder geeignet. Zum Brunnachgatter geht man auf breitem Weg, von hier aus zum Gipfel auf einem Pfad.

Pfannseen (2065 m) – Pfannock (2254 m/2200 m)

Eine schöne und im Prinzip einfache Bergtour führt von der Bergstation der Nationalparkbahn durch eine herrliche Nocklandschaft zu den Pfannseen und – wenn man will – weiter zum Kleinen oder Großen Pfannock. Man sieht einiges von der Charakteristik der Nockberge, erlebt die Flora und die herrlichen Lärchenwälder und sieht (oder hört) vielleicht das eine oder andere Murmeltier.

WEGVERLAUF. Wenn wir die Bergstation verlassen, halten wir uns rechts. Nach links haben wir schon einen herrlichen Blick zum Großen und Kleinen Rosennock, zur Zunderwand und zum Pfannock, geradeaus zum Mallnock und nach rechts zum Falkert. Dann marschieren wir auf breitem Weg mit etwas Auf und Ab in rund einer halben Stunde zum Brunnachgatter (2020 m) am Fuße des Mallnock, wo sich die Wege teilen. Wer weiß, dass er eine gute Kondition hat, könnte noch einen Abstecher zum Mallnock machen. Das dauert etwa 1 1/2 Stunden, an Höhenmetern kommen noch etwa 200 Meter dazu. Mit Kindern ist hiervon jedoch eher abzuraten.

Ansonsten halten wir uns am Brunnachgatter links in Richtung »Kleinkirchheimer Wolitzenhütte«. In gut zehn Minuten marschieren wir leicht fallend zur wegen ihrer Farbe so genannten Roten Burg. Vor ihr biegen wir nach links ab.

Wo der gut zu erkennende Pfad nach knapp fünf Minuten nach links abknickt – er führt zur Oswalder Bockhütte – gehen wir geradeaus weiter. Unser Wiesenpfad zieht etwas nach links, wir gehen oberhalb des Steilabsturzes und kommen hinab zum Unteren Oswalder Bocksattel.

Hier wandern wir geradeaus weiter (»Pfannock 55 Min.«). Nun steigt es wieder an und in rund einer Viertelstunde sind wir am unteren Pfannsee (2065 m). Hier müssen wir uns ent-

AUSGANGSPUNKT
St. Oswald, Bergstation Nationalparkbahn (1900 m).

ZEIT
Etwa 3–3 1/2 Stunden.

HÖHENUNTERSCHIED
Etwa 300 Meter zum Pfannsee, etwa 430 Meter zum Kleinen Pfannock.

EINKEHR-MÖGLICHKEIT
Bergstation, St. Oswalder Bockhütte.

SONSTIGES
Im Prinzip einfache Bergtour, die aber etwas Kondition und Trittsicherheit voraussetzt. Bis zu den Pfannseen für größere Kinder geeignet, dann muss man sich entscheiden, ob man noch den Abstecher zum Pfannock unternimmt.

scheiden. Unser Rückweg führt hier nach links weiter (»Oswalder Bockhütte 40 Min.«). Wer aber noch zum Pfannock will – »35 Min.« ist hier angeschrieben, an Höhenunterschied sind es noch rund 140 Meter –, steigt nach rechts aufwärts. In einer Viertelstunde sind wir oben am Sattel zwischen dem Pfannock (rechts, 2254 m) und dem Kleinen Pfannock (links, 2200 m). Der linke Gipfel ist in knapp zehn Minuten, einfach, mäßig ansteigend und mit nur noch geringem Höhenunterschied (rund 40 m) erreicht, zum rechten geht es etwas steiler und noch fünfzig Höhenmeter mehr hinauf. Gipfelsammler besteigen beide.

Anschließend wandern wir zurück zum Pfannsee, jetzt beim Abstieg haben wir auch einen schönen Blick auf den kleinen oberen See; beide sind leider am Verlanden. Am unteren See folgen wir der Beschilderung zur Bockhütte. Eine schöne, aussichtsreiche Hangwanderung mit Blick auf die Schwarze Burg bringt uns in etwa zwanzig Minuten zum Arkersattel (1950 m). Hier könnte man einen Abstecher nach rechts zur Erlacher Bockhütte oder geradeaus zum kreuzgekrönten Erkerkopf (1970 m) machen.

Ansonsten halten wir uns aber links und erreichen in einer Viertelstunde die St. Oswalder Bockhütte. Von hier aus marschieren wir in knapp vierzig Minuten zurück zur Bergstation. Es geht erst rund zehn Minuten relativ flach in einen schönen Lärchenwald, dann steigt es mäßig an zur Brunnachhöhe, wo wir nach rechts auf bekanntem Weg in ein paar Minuten zurück zum Ausgangspunkt gehen.

BF
KT

4-Gipfel-Wanderung

Mallnock (2226 m) – **Klomnock** (2332 m) – **Steinnock** (2197 m) – **Falkert** (2308 m)

Das zu Bad Kleinkirchheim gehörende St. Oswald wird halbkreisförmig von einem schönen Talschluss umgeben. Unter Benützung der Brunnachalmbahn kann man den gesamten Kamm abwandern, immer verbunden mit herrlicher Aussicht, und hat sogar noch vier Gipfel bestiegen. Vom letzten aus, dem Falkert, hat man einen besonders umfassenden Fernblick: Im Westen die Hohen Tauern mit der mächtigen Hochalmspitze, im Norden die zu Salzburg gehörende Bergwelt und im Süden hinter der Gerlitzen die Karawanken.

WEGVERLAUF. An der Bergstation wenden wir uns nach rechts, gehen zuerst etwas aufwärts, anschließend wieder abwärts und steigen dann auf den Mallnock – insgesamt etwa eine Stunde. Links des Weges sieht man den Großen und den Kleinen Rosennock, die Zunderwand und den Pfannock. Nördlich des Mallnocks durchzieht das weiße Band der Nockalmstraße das stille, ansonsten unberührte Gebiet des Nationalparks. Weiterwandernd erreichen wir über den Klomnock und den Steinnock, dessen Gipfel sich etwas links oberhalb des Weges befindet, schließlich den schroffen Falkertgipfel. Der Weg kann nicht verfehlt werden, man wandert »auf Sicht«.

Wir klettern anschließend den steilen Felssteig auf der Westseite des Falkerts abwärts, gehen ein Stück geradeaus weiter und halten uns nach kurzer Zeit, dem Schild »Falkertschutzhaus« folgend, rechts. Nach steiler Bergabwanderung erreichen wir wieder St. Oswald.

AUSGANGSPUNKT
St. Oswald, Bergstation Nationalparkbahn (1900 m).

ZEIT
Etwa 6 Stunden.

HÖHENUNTERSCHIED
Etwa 800 Meter.

EINKEHR-MÖGLICHKEIT
Falkertschutzhaus.

SONSTIGES
Es handelt sich um eine im Prinzip einfache – vorsichtig sein sollte man nur auf dem kurzen, felsigen Abstieg vom Falkertgipfel –, aber anstrengende Wanderung über ausschließlich freie Flächen. Sollte sich das Wetter verschlechtern, gibt es mehrere Möglichkeiten, zum Falkertschutzhaus abzusteigen.

Alte Schule

Kulturwanderweg St. Oswald

Der von Bad Kleinkirchheim nach St. Oswald führende Kulturwanderweg führt uns an vielen Sehenswürdigkeiten dieser schönen Nockberge-gemeinde vorbei.

WEGVERLAUF. Wir parken am besten am westlichen Ortsausgang von Bad Kleinkirchheim an dem großen Parkplatz. Dann gehen wir einige Schritte ortsauswärts und biegen nach rechts in den Wasserfallweg ein. Ihm folgen wir immer geradeaus bergauf. Nach den Häusern sehen wir links einen Troadkastn, danach die Trattnig-Mühle.

Etwas bergauf machen wir einen Abstecher nach rechts. Hierbei kommen wir zuerst an einem alten, rekonstruierten Kalkbrennofen vorbei, danach liegt links oben die Kirche St. Kathrein.

Wir kehren zurück zum St. Oswalder Bach und steigen steil nach rechts auf bis zum Tschernerwirt. Vor der Landstraße sehen wir links unten die alte Sägemühle mit einem Venetianergatter und einem unterschlächtigen Wasserrad, direkt links des Weges ein kleines Häuschen.

Auf der Landstraße halten wir uns kurz links bis zum Fauland-Hof. Er ist ein schönes altes Bauernhaus mit einem ebenso gut erhaltenen Troadkastn. Wir biegen vor ihm nach rechts ab und wandern hinter ihm auf dem Falkenweg weiter nach Norden. Bald erreichen wir durch die

AUSGANGSPUNKT
Bad Kleinkirchheim.

ZEIT
Etwa 4 Stunden.

HÖHENUNTERSCHIED
Etwa 450 Meter.

EINKEHR-MÖGLICHKEIT
Bad Kleinkirchheim, St. Oswald (bei der Nationalparkbahn).

SONSTIGES
Einfache Wanderung. Kann auch bei Regen unternommen werden.

schöne Eschenallee den Bartlsepphof, der aus einer Gruppe von Gebäuden besteht (Haus, Hof, Keusche, Troadkastn, Mühle), dann kommen wir zur Säge und der daneben stehenden Bartlsepp-Saglerkeusche. Dieses kleine Häuschen diente dem Sägemeister als Wohnung. Unten besaß es eine Wohnküche mit den Ausmaßen drei mal drei Meter, zur Schlafkammer im ersten Stock gelangte er nur durch eine Außenleiter! Danach sehen wir das Bartlsepp-Kreuz.

Beim folgenden Steinbruch sehen wir den Rest eines Kalkbrennofens, danach stoßen wir auf die Landstraße, biegen aber gleich darauf nach rechts in den Lärchenweg ab. Er bringt uns zur Oswaldi-Kapelle.

Dem Sträßchen weiter folgend sehen wir rechts des Weges die Goast-Keusche, die nach dem Weber, der einst in ihr wohnte, auch Winkelweber genannt wurde. Interessant ist, dass es in dem kleinen St. Oswald früher sieben Weber gab. Etwas später steht links die Bichlbauer-Keusche. Daneben stehen ein schöner Troadkastn und ein jahrhundertealtes Feldkreuz. Am Troadkastn sind noch die alten Wegweiser angebracht.

Danach überqueren wir den Bach nach rechts. Die Hütte links war das Turbinenhaus des im Jahr 1923 errichteten höchstgelegenen Kärntner Elektrizitätswerks. Nun spazieren wir eine Zeitlang im Wald am Bach entlang bis zur St. Oswalder Schmiede und Säge.

Wir folgen dem Weg noch etwas weiter und biegen am zweiten nach links abzweigenden Weg in Richtung »Weger-Stadl« ab. Hinter dem großen Stadl zieht der Weg nach links, steigt an und führt uns, vorbei am Hoteldorf und der Talstation der Bergbahn, zur Rosennockstraße, der wir nach links folgen. Wir spazieren einige Minuten auf der Landstraße, dann biegen wir nach rechts ab in das alte St. Oswald.

Anschließend gehen wir kurz bergab und biegen unterhalb der Kirche nach rechts ab in Richtung »Nockalm«. Nun steigt es etwas an. Nach dem letzten Hotel biegen wir am Waldrand nach links ab und steigen hoch zu einem Forstweg, ihm folgen wir nach links.

Nach rund fünf Minuten zweigen wir nach links ab, unterqueren gleich darauf die Nockalmbahn und gehen immer geradeaus nach Süden, bis der Weg nach einer Bachüberquerung scharf nach links zieht und am Bach entlang steil abfällt. Nachdem wir das zweite Mal den Bach überquert haben, verlassen wir den Wald und kommen nach Staudach. Nach Haus 14 biegen wir nach rechts ab in den Staudacher Weg. Am Ortsende zieht der markierte Wanderweg nach links und bringt uns durch Wiesen in den Wald (Sonnwiesenweg). Nach dem Wald spazieren wir auf dem Finkenweg durch die ersten Häuser von Obertschern. Beim querenden Adlerweg biegen wir nach rechts ab und gehen unter dem Lift hindurch. Nach dem Lift geht der Weg in den Schwalbenweg über. Nach Gebäude Schwalbenweg 2 geht es nach links bergab zum Obertscherner Weg.

Hier halten wir uns bei einem Bildstock und vor Gebäude 25 links, gleich danach beim nächsten Bildstock und vor dem Sessellift biegen wir nach rechts in den Drosselweg ein. Gleich danach biegen wir nach links in den Wasserfallweg ab. Er bringt uns mit einigen Windungen unter dem Lift hindurch und nach dem letzten Haus zum Wasserfall des St. Oswalder Baches. Es geht kurz am Bach entlang, dann über eine Wiese und schließlich nach links über den Bach zum Wasserfallweg, den wir noch vom Anfang her kennen. Nach rechts spazieren wir auf bekanntem Weg zurück zum Ausgangspunkt.

Über das Falkerthaus zum Mallnock (2226 m)

Wir steigen durch lichten Lärchenwald auf in die Weidelandschaft unterhalb der Gipfelkette Mallnock – Klomnock – Steinnock. Wir können sie alle besteigen, aber auch bequemerweise unterhalb von ihnen entlangmarschieren; allein der Mallnock ist in einem letzten kurzen Aufschwung zu erreichen und sollte »mitgenommen« werden.

WEGVERLAUF. Wir folgen ab dem Parkplatz dem waldeinwärts führenden Sträßchen in Richtung Falkerthaus. Kurz darauf sollten wir links hinter dem Bach die alte Mühle beachten. An einer Rechtskurve des Zufahrtssträßchens gehen wir geradeaus am wild rauschenden Bach entlang weiter, erst auf einem breiten Forstweg, dann auf einem nach rechts abzweigenden Weg, der etwas holpriger ist. Später treffen wir wieder auf das Sträßchen. Nach dem Gatter kann man entweder erst zum Falkerthaus gehen oder gleich der Beschilderung nach rechts hinauf in Richtung »Lärchenhütte Falkert« folgen.

Oberhalb des Falkerthauses halten wir uns an der Verzweigung links zur Lärchenhütte, die wir ein paar Minuten später erreichen. Wir gehen mit der rot-weiß-roten Markierung durch das Hüttengelände hindurch und hoch bis zu einer Verzweigung. Hier biegen wir nach links ab (»Flache Scharte Klomnock Mallnock 1611«).

AUSGANGSPUNKT
St. Oswald, Parkplatz bei der Alten Schmiede.

ZEIT
Etwa 4 1/2 Stunden.

HÖHENUNTERSCHIED
Etwa 940 Meter.

EINKEHRMÖGLICHKEIT
Falkerthaus, Lärchenhütte.

SONSTIGES
Man geht meist auf Pfaden.

Der breite Weg führt uns gleich über den Bach, danach zweigen wir nach rechts auf einen Steig ab. Nun geht es etwa 1 1/2 Stunden immer in der Falllinie bergauf, wobei wir etwa in der Mitte an der (privaten) Steinhalterhütte vorbeikommen. Schließlich sind wir oben am Kamm, hier haben wir auf der anderen Seite einen schönen Blick hinab zur Nockalmstraße mit dem Windebensee und auf die dahinterliegende Bergwelt.

Nun haben wir verschiedene Möglichkeiten. Wer will, kann nach rechts auf den etwa sechzig Meter höheren Steinnock aufsteigen, dann aber wieder hierher zurückkehren. Unser Weg führt nach links weiter. Hierbei haben wir zwei Möglichkeiten. Wir können uns entweder rechts halten und am Gipfelkamm entlanggehen. Dabei kommen wir über den rund 200 Meter höheren Klomnock und später den Mallnock. Bei dieser Variante haben wir immer einen schönen Blick auf die Bergwelt im Norden.

Der bequemere Weg ist mit »Nockalmbahn« markiert und führt fast eben nach links weiter. Es geht hierbei immer am Hang entlang, dabei bietet sich uns »nur« ständig ein Blick nach Süden und auf den Falkert. Nach etwa einer Stunde erreichen wir einen Zaun, hier geht es geradeaus weiter, von hier aus sind es aber nur noch siebzig Höhenmeter und etwa zehn Minuten zum Mallnockgipfel. Ihn sollten wir uns nicht entgehen lassen, hat man von ihm aus doch einen herrlichen Rundumblick, im Westen glänzt sogar der ewige Schnee der Hochalmspitze.

Dann folgen wir dem Weg zur Nationalparkbahn und erreichen bald das Brunnachgatter. Wer sich (und seinen Knien) den Abstieg ersparen will, geht von hier aus in knapp einer Dreiviertelstunde zur Bahn und fährt hinunter. Ansonsten biegen wir an der Notunterstandshütte nach links ab in Richtung »St. Oswald«. Hierbei geht es meist steil bergab. Wir überqueren einen Bach und halten uns dahinter rechts. Kurze Zeit später teilt sich an einem mächtigen Stein mit den Wegmarkierungen »7« der Weg, wir bleiben links. Weiter steil bergab gehend überqueren wir zwei Forststraßen – wir bleiben immer links des Baches –, etwas nach der zweiten Forststraße geht es bald auf einem angenehmen Wiesenweg weiter. Wir überqueren einen Bach nach rechts, danach wird der Weg bald breiter und trifft schließlich auf einen Schotterweg.

Wir gehen immer geradeaus weiter bis zu den ersten Häusern. Am querenden Oswald-Moro-Weg halten wir uns links. Es geht bergab zum Weger-Stadl, vor ihm zieht der Weg nach rechts. Wir überqueren einen Bach, danach halten wir uns rechts und kommen auf den Zufahrtsweg zum Falkerthaus, den wir noch vom Anfang her kennen. Wenige Minuten später sind wir bereits am Ausgangspunkt.

Wer sich jedoch den Anstieg ganz ersparen will, nimmt die Nationalparkbahn. Von der Bergstation aus wandert man nach rechts zum Brunnachgatter, hier nach rechts hinauf in Richtung »Mallnock Falkert«. Nach kurzem Anstieg muss man sich entscheiden. Entweder geht man am Hang entlang relativ eben weiter; hierbei kann man nach links einen etwa zehnminütigen Abstecher zum Mallnockgipfel machen. Oder man steigt hoch zum Gipfel und wandert am Kamm entlang zum Klomnock, danach geht es bergab zur Flachen Scharte. Hier zweigt man nach rechts ab und folgt den Markierungen zum »Falkerthaus« bzw. »St. Oswald«.

Zum Falkert

(2308 m) – Variante 1

Der herrliche Aussichtsberg Falkert wird meist wohl vom Falkertsee aus bestiegen, von dort sind es auch weniger Höhenmeter und es geht schneller. Diese Tour beginnt jedoch in St. Oswald.

WEGVERLAUF. Wir wandern wie in Nr. 28 beschrieben zur Lärchenhütte. An der Verzweigung danach halten wir uns rechts. Von hier aus sind es noch rund 1 3/4 Stunden hinauf zum Gipfel, den wir über die Hundsfeldscharte erreichen.

Zurück haben wir zwei Möglichkeiten. Der kürzeste Weg ist der Aufstiegsweg. Wer eine etwas längere Variante bevorzugt, geht ab der Hundsfeldscharte nach Westen. Dabei kann man den Steinnock »mitnehmen«, nach ihm kommt man zur Flachen Scharte. Hier biegt man nach links ab in Richtung »Falkerthaus St. Oswald«. Man steigt nun fast in der Falllinie ab zur (privaten) Steinhalterhütte, danach weiter geradeaus bis zu einem querenden Forstweg, dem man nach links folgt. Kurz danach überquert man einen Bach, etwas später kommt man zu der Verzweigung, die wir noch vom Anstieg her kennen. Nun geht es auf bekanntem Weg zurück.

AUSGANGSPUNKT
St. Oswald, Parkplatz bei der Alten Schmiede.

ZEIT
Auf- und Abstieg je etwa 3 Stunden, geht man auf demselben Weg zurück, ist der Abstieg etwas kürzer.

HÖHENUNTERSCHIED
Zum Falkert etwa 1000 Meter.

EINKEHR-MÖGLICHKEIT
Falkerthaus, Lärchenhütte.

SONSTIGES
Man wandert anfangs auf Forstwegen, danach auf Steigen.

Falkert

(2308 m) – Variante 2

Der Falkert ist ein herrlicher Aussichtsberg. Während er von Norden her auf einem nur allmählich ansteigenden Pfad bestiegen werden kann, weist er auf der Westseite einen recht schroffen Abbruch auf.

WEGVERLAUF. Vor dem Anstieg können wir zuerst den kleinen Falkertsee umrunden. Anschließend gibt drei Möglichkeiten, um zum Gipfel aufzusteigen.

Entweder nehmen wir den nur mäßig ansteigenden Pfad Nr. 3, der erst nach Nordwest hochzieht, dann aber vor dem Falkertköpfl nach links zur Hundsfeldscharte (2165 m) abbiegt und von dieser nach Süden zum Gipfel aufsteigt.

Die beiden anderen Wege sind steiler. Der eine führt zwischen Skilift und See als Weg Nr. 159 steil ansteigend direkt zum Gipfel; der andere (Weg Nr. 1591) führt links vom See erst auf dem Seeuferweg an der Falkertseehütte und der Karlshütte vorbei. Danach zieht er ebenfalls als steiler Pfad durch das Sonntagstal nach oben zur Falkertscharte (2195 m). Von dort aus geht es nach rechts. Der letzte Gipfelanstieg geht nochmals recht steil empor.

Eine empfehlenswerte Rundtour führt beispielsweise auf dem mäßig ansteigenden Weg zum Gipfel. Danach nimmt man den steilen Abstieg nach Westen und wendet sich dann nach links zur Falkertscharte. Bevor man aber nun nach links auf Weg Nr. 1591 durch das Sonntagstal absteigt, ist noch ein Abstecher auf Weg 160 bzw. 09 (Salzsteig-Weitwanderweg) zum nur unwesentlich höheren Rodresnock/Moschelitzen (2310 m) empfehlenswert. Den Rückweg nehmen wir aber auf jeden Fall über die Falkertscharte.

AUSGANGSPUNKT
Falkertsee (1872 m).

ZEIT
Etwa 2–3 Stunden.

HÖHENUNTERSCHIED
Etwa 330 Meter, zum Rodresnock nochmals zusätzlich rund 200 Meter.

EINKEHRMÖGLICHKEIT
Am Falkertsee.

SONSTIGES
Der beschriebene Aufstiegsweg ist gut zu gehen, auch für Kinder. Der Abstieg vom Falkertgipfel nach Westen verlangt etwas Aufmerksamkeit und Trittsicherheit. Wer sich das nicht zutraut, steigt auf demselben Weg wieder ab.

Um den Brenn(Feld)see

Eine Seeumrundung macht immer wieder Spaß, diese hier führt uns um den Feldsee und ist für die ganze Familie geeignet.

WEGVERLAUF. Hinter der Kirche geht rechts die Seestraße ab. Hier gibt es auch Parkmöglichkeiten. Die Seestraße führt uns an der Ostseite des Sees entlang. Auch wenn es nicht möglich ist, zu diesem zu gelangen, da das Ufer in Privatbesitz ist, hat man doch gelegentlich schöne Blicke auf das Wasser. Am Südende des Sees stoßen wir auf die Bundesstraße. Zwischen ihr und dem See führt uns ein Pfad zurück. Am Nordende des Sees dann nehmen wir das erste nach rechts abgehende Sträßchen. Es bringt uns zu einer kleinen Parkanlage, direkt am Wasser, und von dort zurück zum Ausgangspunkt.

AUSGANGSPUNKT
Feld am See (751 m).

ZEIT
Etwa 1–2 Stunden.

HÖHENUNTERSCHIED
Unwesentlich.

EINKEHR-MÖGLICHKEIT
Feld am See.

SONSTIGES
Es handelt sich um eine kurze, leichte Wanderung auf Sträßchen und befestigten Wegen, gut geeignet für Kinder oder an Regentagen.

Um den Afritzer See

Dieser Wandervorschlag um den Afritzer See schließt sich an denjenigen um den Feldsee an – was dort galt, ist auch hier richtig: Es ist eine schöne, einfache und gemütliche Tour in herrlicher Umgebung.

WEGVERLAUF. Wir spazieren auf dem von der Bundesstraße abgehenden Sträßchen, bezeichnet mit »Seeweg 2«, das erst auf den Berg zu führt, dann aber nach rechts zieht. Am Campingplatz geht es nach rechts (Richtung Feld am See). Auf schmalem Pfad geht es auf Weg Nr. 2 über Wiesen und durch Wald am See entlang, immer wieder mit Ausblicken zu diesem. Am Ende kommen wir zu einer verfallenen Hütte. Hier biegen wir durch das Naturschutzgebiet nach rechts ab.

An der Bundesstraße halten wir uns kurz links, bis auf der anderen Seite unser Weg wieder abgeht. Wir kommen auf den »Sommerweg«, der uns in Richtung Süden zurückbringt. An der Abzweigung »Seeweg – Lierzberg« im dichten Wald biegen wir nach rechts ab und kommen zurück zur Bundesstraße und dort nach links zum Ausgangspunkt.

AUSGANGSPUNKT
Südende des Afritzer Sees.

ZEIT
Etwa 1–2 Stunden.

HÖHENUNTERSCHIED
Unwesentlich.

SONSTIGES
Es handelt sich um eine kurze, leichte Wanderung auf Sträßchen und befestigten Wegen, gut geeignet für Kinder oder an Regentagen.

Vom Brenn(Feld)see zum Afritzer See

Dies ist die längste und anspruchsvollste Tour um die beiden Seen, allerdings erlebt man hierbei beide Seen auf einer Wanderung.

WEGVERLAUF. Wie bei Variation 1 spazieren wir erst an der Seestraße entlang, bis nach links der »Sonnenweg« (Nr. 3) abgeht. Er zieht erst hoch und überquert zwei Bäche. Wo der Wegweiser »Gruber/Rauth« nach links anzeigt, nehmen wir den rechten Zweig, nun etwas abwärts. Nach einer weiteren Bachüberquerung kommen wir auf eine Wiese, die uns eine erste herrliche Aussicht bietet. Weiter abwärtsgehend erreichen wir einen Hof. Hier führt uns eine Asphaltstraße weiter bis zum nächsten Anwesen. Jetzt nehmen wir den Wiesenpfad, der vor dem Haus nach rechts – also in Gehrichtung – weiterführt, während das Sträßchen nach links hochzieht.

Am nächsten Anwesen wandern wir wieder geradeaus weiter (Nr. 2), halten uns an der Verzweigung rechts und kommen auf ein Asphaltsträßchen, in das wir nach links einbiegen. Wir sind nun auf Weg Nr. 11, der sich in einigen Serpentinen hochschraubt bis Tobitsch.

Das Sträßchen führt zum letzten Anwesen, hier führt ein Naturweg nach links hoch. Wir erreichen auf ihm die zwei nächsten Häuser, wo wir uns rechts halten bis zum Fahrsträßchen. Hier

AUSGANGSPUNKT
Feld am See (751 m).

ZEIT
Etwa 4–5 Stunden.

HÖHENUNTERSCHIED
Etwa 500 Meter.

EINKEHRMÖGLICHKEIT
In den Orten.

SONSTIGES
Relativ lange Wanderung mit vielen Aussichtspunkten; durch Wald und über Weiden, meist auf Naturwegen.

I.N.
R.I.
Friede den Kommenden!
Freude den Weilenden!
Segen den Scheidenden!

sehen wir auch schön zur Gerlitzen. Auf dem Sträßchen gehen wir nach rechts abwärts bis zum nächsten Hof, wo die Bezeichnung nach rechts weist. Hinter dem Haus geht es nach rechts, dann aber steil abwärts in den Wald. Kurz vor einer Wiese weist ein Schild (»Afritzer See«) nach links. Es geht weiter bergab – vorbei an einem alten, verfallenen Stadl und schließlich aus dem Wald, direkt über der Bundesstraße. Hier halten wir uns rechts. Wir kommen wieder in den Wald und spazieren, bis die Abzweigung »Seeweg – Lierzberg« nach links weist. Nach kurzem Bergab erreichen wir die Bundesstraße, auf der wir einige Meter nach links spazieren, bis nach rechts »Seeweg 2« abgeht. Dieser hält erst auf den Berg zu und zieht dann nach rechts. Am Campingplatz geht es wieder nach rechts und nun auf schmalem Pfad durch Wiesen und Wald, immer wieder mit schönen Blicken zum See, bis zu dessen Ende.

Dort an der verfallenen Hütte wandern wir geradeaus auf dem »Rudolf-Greinz-Weg 1« weiter. Er bringt uns an einigen schönen alten Bauernhöfen vorbei. Der Weg zieht erst hoch bis zu einem Hof, durch den wir nach rechts hindurchgehen. Vor dem nächsten Haus steigen wir nach links hoch, biegen dann aber nach rechts ab. Es geht nun abwärts auf den Brennsee zu. Bevor die Straße eine scharfe Rechtskurve macht, wandern wir nach links, vorbei an einer alten Bauernsäge, in den Wald hinein. Durch den Wald – wir sehen hier einige riesige Felsklötze, die von dem vorzeitlichen Bergsturz vom Mirnock herab stammen – kommen wir nach Feld am See. Der erste Abgang aus dem Wald ist bei der Hubertuskapelle, aber auch später können wir noch absteigen.

Auf den Mirnock

(2110 m)

Das gewaltige Bergmassiv des Mirnock erhebt sich über dem Millstätter bzw. auf der anderen Seite dem Feld- und dem Afritzer See. Diese beiden letztgenannten waren einst ein großer See, wurden jedoch durch einen großen Bergsturz vom Mirnock in Urzeiten in zwei Seen geteilt. Eine alte Sage erzählt auch vom Riesen Mirnock, der dafür verantwortlich war. Heute ist der Berg harmlos, es wird sogar behauptet, dass er eines der größten Kraft- und Energiezentren Europas, wenn nicht sogar der Welt, darstellt.

Eine Bergbahn auf ihn hinauf wurde vor vielen Jahren erfolgreich verhindert, so dass er nur zu Fuß erklommen werden kann.

Deshalb findet man auch keine Menschenmassen auf dem Gipfel. Wir starten bei der Kohlweißhütte, die auf einem Fahrsträßchen erreicht werden kann, von hier aus gestaltet sich der restliche Anstieg moderat.

WEGVERLAUF. Wir gehen von der Kohlweißhütte aus zu den zwei Holzhütten, wer den Direktaufstieg wählt, hält sich hier links. In 1 1/2 Stunden ist man am Rindernock, dann biegt man nach rechts ab und steigt in rund einer halben Stunde zum Gipfel auf. Zurück braucht man etwas weniger, wir nehmen bei dieser kürzeren Variante denselben Weg.

AUSGANGSPUNKT
Kohlweißhütte bei Afritz.

ZEIT
Etwa 4 Stunden; Direktaufstieg etwa 2 Stunden, zurück etwas weniger.

HÖHENUNTERSCHIED
Etwa 550 Meter, Direktaufstieg etwa 420 Meter.

EINKEHR-MÖGLICHKEIT
Kohlweißhütte, Hochalmhütte.

SONSTIGES
Man geht auf Steigen.

Schöner ist jedoch der »Umweg« über die Hochalmhütte, zu der 1 ½ Stunden angezeigt sind. Wir gehen rechts an den Hütten vorbei, wobei wir immer einen herrlichen Blick auf den Gipfelkamm der Nockberge mit der Kaiserburg und dem Wöllaner Nock bei Bad Kleinkirchheim haben. An den folgenden beiden Verzweigungen halten wir uns immer an die Beschilderung zur »Hochalmhütte«; man kann aber auch – als weitere Abkürzungsmöglichkeit – wie angezeigt vorher nach links abbiegen und in einer Dreiviertelstunde direkt zum Mirnockgipfel aufsteigen. Zurück geht man dann wie unten beschrieben. Der Weiterweg über die Hütte ist gut eine Stunde länger, aber wunderschön.

So folgen wir dem Weg zur Hütte. Er fällt nach der zweiten Verzweigung etwas, dann steigt es wieder an. Nach der Hochalmhütte geht es kurzzeitig steiler hinauf, wir halten uns an einer Verzweigung links, verlassen den Waldgürtel und befinden uns kurz darauf auf dem nur noch sanft ansteigenden Gipfelplateau; hier finden wir im Spätsommer viele orange leuchtende Heidelbeerbüsche. Der Pfad zieht nach links, auf den bald sichtbaren Mirnockgipfel zu. Auf der anderen Seite sieht man hinab zum Millstätter See und zu den Hohen Tauern mit dem weiß leuchtenden ewigen Schnee der Hochalmspitze.

Wir wandern nun an den verschiedenen kleinen Seen vorbei zum Gipfelkreuz. Nach ihm geht es hinab, auf den nächsten Gipfel, den Rindernock, und die unterhalb von ihm liegende Rindernocklacke zu. An ihr biegen wir nach links ab – wer will, kann jedoch vorher noch den Rindernock besteigen –, nach dem Zaun hält man sich kurz links, dann wieder rechts. Nun gehen wir auf dem steil abfallenden Steig in rund einer Dreiviertelstunde zurück zur Kohlweißhütte.

Gerlitzen

(1909 m)

Die Gipfelfläche des südlichsten Nockberges, der Gerlitzen, ist zwar recht unschön verbaut, die 360-Grad-Rundumsicht von diesem allein stehenden Berg und die schönen Waldstücke, durch die wir kommen, lohnen jedoch diese Tour. Zudem haben wir noch Zeit, das interessante Alm- und Bergbauernmuseum bei der Pöllinger Hütte zu besichtigen.

WEGVERLAUF. Auf der anderen Seite der alten Hütte ist bereits Pöllinger Hütte angezeigt (Weg 1762). Der Pfad geht etwas bergab bis zu einem Sträßchen. Wir wandern geradeaus weiter, lassen die Kammerhütte rechts liegen und kommen wieder auf Naturwege.

Nach einer breiten Trasse stoßen wir wieder auf einen Fahrweg; wir folgen ihm und stehen kurz darauf vor der Pöllinger Hütte.

Nun steigen wir auf dem Alm- und Forstlehrpfad hoch zum Gipfel der Gerlitzen.

Hinter den Gebäuden folgen wir dem Fahrsträßchen nach links abwärts zum Ausgangspunkt. Ein rot-weiß bezeichneter Wanderweg verläuft aber in den Wiesen und im Wald links des Sträßchens.

AUSGANGSPUNKT
Stifterbodenhütte (1675 m), erreichbar ab Arriach über eine Mautstraße.

ZEIT
Etwa 2–3 Stunden.

HÖHENUNTERSCHIED
Etwa 350 Meter.

EINKEHRMÖGLICHKEIT
Stifterbodenhütte.

SONSTIGES
Wir wandern auf Pfaden im Wald und über Almwiesen.

Schoberriegel (2208 m) – Gruft (2232 m)

Der Schoberriegel ist der erste Gipfel einer Reihe weiterer in dem Kamm, der sich östlich der Turracher Höhe hinzieht. Er selbst ist relativ leicht – und somit auch für Kinder – zu erreichen. Der prächtige Eisenhut und die umliegenden Nockberge sind von ihm aus schön zu sehen. Wer weiter wandern will, geht noch bis zur Gruft, wo es im Zweiten Weltkrieg einen Luftlandeplatz der Deutschen Wehrmacht gab, und steigt dann ab zum Hochsinner.

WEGVERLAUF. Vom Hotel Hochschober aus wandern wir ein Stück am See entlang – Weg Nr. 09 bzw. Schoberriegel ist bereits angeschrieben. Am unteren Ende der Lifttrasse weist Weg Nr. 153 nach rechts zum Schoberriegel. Es geht nun auf einem Steig weiter, bis wir unter ständigem Anstieg nach rund 1 ½ Stunden das Gipfelkreuz des Schoberriegels erreichen. Zurück gehen wir denselben Weg. Wer möchte, kann am unteren Ende der Lifttrasse noch einen kurzen Abstecher zum Schwarzsee machen.

Wer noch weitergehen will, wandert ab dem Schoberriegel erst etwas abwärts, dann aber wieder kurz hinauf bis zur Gruft. Hier weist Weg Nr. 150 nach rechts (»Saureggen«).

Es geht erst den Höhenrücken entlang, dann durch lichten Wald, immer abwärts, bis zu einem Almweg. Ihm folgen wir weiter abwärts, bis wir beim Hochsinner auf Weg 127 treffen, der uns nach rechts (»Grünsee«) zu diesem und danach zur Turracher Höhe bringt.

AUSGANGSPUNKT
Turracher Höhe (1763 m).

ZEIT
Schoberriegel etwa 2–3 Stunden, über die Gruft etwa 4 Stunden.

HÖHENUNTERSCHIED
Schoberriegel etwa 450 Meter, über die Gruft etwa 650 Meter.

EINKEHRMÖGLICHKEIT
Turracher Höhe.

SONSTIGES
Der Weg verläuft auf einem Steig, der Rückweg vom Hochsinner auf einem Almweg.

Kornock (2193 m) – Rinsennock (2334 m)

Auf den aussichtsreichen Rinsennock gelangt man entweder durch einen etwa einstündigen Anstieg vom Turrachsee aus oder bequem mittels Sessellift. Der breite Gipfel bietet eine herrliche Rundumsicht.

WEGVERLAUF. Wir nehmen am Südende des Sees den Weg in Richtung Sommerrodelbahn, dann geht es nach rechts weiter (Markierung Nr. 149), über die Turracher Alpe zum Kornock hinauf.

Liftbenutzer wandern ab der Bergstation erst vollends auf den Kornock und gehen anschließend nach Südwesten, immer noch auf Weg Nr. 149, zum Rinsennock.

Abstieg wie Aufstieg.

AUSGANGSPUNKT
Turracher Höhe (1763 m) oder Bergstation auf dem Kornock (1965 m).

ZEIT
Etwa 3 1/2 Stunden.

HÖHENUNTERSCHIED
Etwa 600 Meter ab dem Turrachsee, etwa 400 Meter ab der Bergstation.

EINKEHR-MÖGLICHKEIT
Turracher Höhe.

SONSTIGES
Gut zu gehende Pfade.

Zu den drei Turracher Seen

Auf der Turracher Höhe gibt es drei Seen unterschiedlichen Charakters. Während der Turrachsee direkt an der Straße liegt und von Hotels und Häusern aller Art umstanden ist, ist der Grünsee ein relativ einsamer Waldsee, der sich an den Berghang unterhalb des Schoberriegels schmiegt. Der schönste der drei ist sicher der Schwarzsee, der freier liegt, einen Schilfgürtel hat und von dem man vor allem einen herrlichen Blick zum Eisenhut, dem höchsten der Nockberge, hat.

WEGVERLAUF. Wir parken am besten auf der Südseite von Turrach, denn da kommen wir nach der Tour auch wieder heraus. Dann gehen wir entlang der Straße am Turrachsee vorbei und umrunden ihn. Nach dem Hotel Jägerwirt auf der Ostseite geht es noch kurz flach weiter, dann steigt der Weg nach links an. Wir orientieren uns immer an der Beschilderung »Schwarzsee Drei-Seen-Runde Hochschober«. Nach kurzem Bergauf und einer Zickzackkurve nehmen wir die »Abkürzung Drei-Seen-Runde«, die uns weiter aufwärts zum Schwarzsee bringt.

Wir können vor ihm nach rechts zur Jausenstation Sonnalm gehen oder den See umrunden. Danach orientieren wir uns an der Beschilderung zum »Grünsee«. Es fällt etwas und wir marschieren nun auf steinigerem Weg durch den Wald

AUSGANGSPUNKT
Turracher Höhe (1763 m).

ZEIT
Etwa 1 ½ Stunden, nur zu den Seen jeweils etwa eine ½ Stunde, einfach.

HÖHENUNTERSCHIED
Etwa 150 Meter.

EINKEHRMÖGLICHKEIT
Turracher Höhe, Jausenstationen Sonnalm am Schwarzsee und Karlhütte beim Grünsee, Sennerei Katscher Hütte.

SONSTIGES
Die Wanderung verläuft auf geschotterten Wald- und Wirtschaftswegen, auf kurzen Stücken ist es etwas holperiger oder verwurzelt. Kann auch bei Regen unternommen werden. Schöne Tour für Kinder.

weiter bis zu einem Querweg bei Ferienhäusern, hier werden wir nach links verwiesen. Nach etwa einer Viertelstunde kommen wir zur Sennerei Katscher Hütte. Kurz nach ihr zieht der nun verwurzelte Weg nach rechts und trifft auf einen Schotterweg. Er bringt uns nach rechts, vorbei an der Karlhütte, zum Grünsee. Nach ihm folgen wir dem Weg mit Auf und Ab zur Straße vor der Turracher Höhe.

Es gibt aber noch Varianten dieser Wanderung. Wer sich die Umrundung des nicht gerade idyllischen Turrachsees sparen will, zweigt zu Beginn vor dem Hotel Hochschober nach rechts ab. Es geht nach den Häusern etwas über dem See weiter, dann werden wir nach rechts verwiesen, der Rest der Tour ist oben beschrieben.

Wer die Wanderung verlängern will, geht am Turrachsee entlang, hält sich nach ihm rechts, dann gleich links. Nach dem nach rechts hochgehenden Skilift nehmen wir den Weg, der nach rechts zieht und uns in einem weiten Bogen zum Schwarzsee bringt. Von hier aus gehen wir wie beschrieben zum Grünsee.

Es gibt aber auch zwei kinderwagengeeignete Kurzvarianten. Zum Schwarzsee gehen wir wie oben beschrieben. Der direkte Weg ist etwa eine halbe Stunde lang, ob man den Turrachsee vorher noch umrundet, muss man sich überlegen. Zum Grünsee gehen wir an das Südende der Turracher Höhe und zweigen etwas nach den letzten Häusern nach links ab. Nun geht es mit leichtem Auf und Ab, am Anfang vorbei an Ferienhäusern, zum Grünsee. Zurück spazieren wir jeweils auf demselben Weg.

Lattersteighöhe
(2264 m)

Bei dieser Wanderung überschreiten wir den gesamten Gipfelkamm, der sich östlich der Turracher Höhe erstreckt.

WEGVERLAUF. Wir wandern, wie in Tour 36 beschrieben, zur Gruft, wenden uns hier nach links zur Bretthöhe, die wir nach weiteren Zwischenabstiegen mit anschließenden Wiederanstiegen über Kaserhöhe (2318 m) und Hoazhöhe (2319 m) erreichen. Hinter dem Gipfelkreuz geht es steil über Felsen (z. T. lockeres Gestein) hinab durch eine herrliche Blockwildnis. Dahinter folgt wieder ein Anstieg zur Lattersteighöhe; hinter ihr stoßen wir auf einen breiteren Weg. Etwas nach rechts versetzt liegt die Lattersteigschutzhütte. Wir wandern aber auf diesem (anfangs) breiteren Weg nach links (Lattersteig, Weg Nr. 156), vorerst bergab.

Nach dem Eisengatter halten wir uns rechts bis zu einer bereits von weitem sichtbaren Verzweigung. Hier orientieren wir uns links (Weg Nr. 151 bis zur Turracher Höhe).

Wir wandern weiter abwärts, nun durch lichten Wald, umrunden oberhalb der Hanserhütte den Talschluss und überqueren einige Zuläufe des Geißeckbaches. Ab nun geht es wieder aufwärts. Weiter durch den Wald kommen wir auf der anderen Talseite zur Grillendorferalm. Hinter den Hütten zieht unser Pfad am Hang entlang weiter aufwärts (WW Weitental 151) bis zu einem Kamm. Ab jetzt geht es wieder bergab. Wir überqueren einen Almweg und steigen hinter ihm weiter ab bis zum nächsten Almweg, in welchen wir nach links einbiegen. Er bringt uns zu einer Hütte. Rechts von ihr führt ein Pfad steil hinab und auf der anderen Talseite wieder bergauf bis zu einem Almsträßchen. Wenn wir diesem nach rechts folgen, kommen wir nach einiger Zeit zum Schwarzsee, kurz danach zurück zum Ausgangspunkt.

AUSGANGSPUNKT
Turracher Höhe (1763 m).

ZEIT
Etwa 7–8 Stunden.

HÖHENUNTERSCHIED
Etwa 1100 Meter.

EINKEHRMÖGLICHKEIT
Turracher Höhe.

SONSTIGES
Diese Wanderung ist eine der anspruchsvollsten des Buches – sowohl was Länge (Ausdauer erforderlich) als auch was Schwierigkeit (Trittsicherheit!) anbelangt. Man sollte sie auch nur bei sicherem Schönwetter unternehmen.

Bretthöhe

(2320 m)

Die Bretthöhe gehört zu dem schroffen Grat, der sich von der Turracher Höhe bis Flattnitz hinzieht; beim Anstieg vom höchsten Pfarrdorf Kärntens überschreitet man zwei typische Nockberge. Von der Bretthöhe aus sieht man weit zu den salzburgischen und steirischen Bergen, direkt nördlich liegt der höchste der Nockberge, der 2441 Meter hohe Eisenhut. Östlich unterhalb der Steilabrüche vor dem Gipfel sind zwei Seen zu sehen; ihre Ausläufe sowie die anderen Gewässer diese Tales vereinigen sich zur Gurk, der Namensgeberin des ganzen Gebirges.

WEGVERLAUF. Ab der Pfarrkirche führt Weg Nr. 155 ständig aufwärts; da er immer nur geradeaus geht, kann er bis zum Gipfel nicht verfehlt werden. Wir wandern zuerst durch schönen lichten Wald, dann über freie Almflächen zum Kleinen, dann zum Großen Speikkofel (2109 bzw. 2270 m) und schließlich zur Bretthöhe.

Anschließend steigen wir nach Westen zum Sattel ab, hier biegt der Steig links ab; über den schon von oben sichtbaren Zgartensee erreicht man die gleichnamige Alm. Von hier aus kann man auf Weg Nr. 154 in 1 ½ Stunden zurückwandern. Wesentlich schöner, aber weiter ist die Variante über Saureggen. Hierzu nimmt man an der Zgartenalpe den nach Westen führenden Weg. Vorbei an einem idyllischen See, über einsame Almflächen und am Fuße schroffer Felsen führt der gut bezeichnete Steig, später Almweg, nach Saureggen. Das erste Haus, der Hochsinner, ist der höchstgelegene Bauernhof Kärntens. Ab hier ist Weg Nr. 8 bereits nach St. Lorenzen ausgezeichnet. Wir durchqueren den kleinen Ort, dahinter geht es über einen Bach und wir kommen, nun im Wald und vorbei an einem neuen Bildstock, in einer Stunde zurück zum Ausgangspunkt.

AUSGANGSPUNKT
St. Lorenzen (1477 m).

ZEIT
Etwa 6 Stunden (kürzere Variante etwa 4 ½ Stunden).

HÖHENUNTERSCHIED
Etwa 1000 Meter.

SONSTIGES
Es handelt sich um eine meist über Almflächen, am Schluss ein Stück durch Wald führende Wanderung; einfach zu gehen, aber durch Länge und Höhenmeter ist es doch eine stramme Tagestour.

Ins Rosental: Schneegrubensattel (2000 m) Pregathscharte (1900 m)

Es gibt außer dem berühmten großen Rosental im südlichen Kärnten auch in den Nockbergen ein Rosental, das tatsächlich wegen der hier massenhaft wachsenden Alpenrosen so genannt wird. Hier findet man auch den vielleicht großartigsten Zirbenbestand des Landes mit beeindruckenden Baumriesen, dazu weiße Gerippe umgestürzter Bäume, altersschwach oder vom Blitz getroffen. Die Alpenrosen dazwischen bilden richtige Blütenteppiche. Wenn man von Ebene Reichenau in die Nockalmstraße einfährt, beginnt das Tal beim Überqueren des Winklbaches vor der ersten Serpentine und zieht von hier aus nach Norden bis zum Gregerlnock hin.

WEGVERLAUF. An den schönen alten Almhütten vorbei zieht der Weg nach oben, bald verbunden mit Aussicht auf den weiteren Wanderweg: links der Schneegrubensattel, in der Mitte der Gregerlnock, rechts von ihm die Pregathscharte zwischen ihm und dem ganz rechts stehenden Simmerleck. Auch zurück in Richtung Ebene Reichenau hat man schöne Ausblicke in weite, Ruhe ausstrahlende Waldgebiete. Nach 45 Minuten durch schönen Lärchen-/Zirbenwald und über herrliche Almmatten erreicht man die Schneegruben und den Schneegrubensattel. Nun geht es leicht abfallend auf dem Kärntner Grenzweg (Nr. 126) nach rechts bis zur Pregathscharte. Hier biegt man nach rechts ab auf den Salzsteig-Weitwanderweg (Nr. 09 bzw. 109). Immer der Markierung folgend verliert man rund 300 Höhenmeter, wovon nach Überquerung des Baches einiges wieder angestiegen werden muss. Man kann auch vorgehen bis zur Nockalmstraße und an ihr entlang wieder aufsteigen zum Ausgangspunkt.

AUSGANGSPUNKT
Rosentaler Alm (1700 m).

ZEIT
Etwa 2–3 Stunden.

HÖHENUNTERSCHIED
Etwa 500 Meter.

EINKEHR-MÖGLICHKEIT
Rosentaler Alm.

SONSTIGES
Schöne Almwanderung auf Wegen und Steigen, unschwierig.

Klomnock (2331 m) – Schiestlnock (2206 m)

Zwei kurze Gipfelbesteigungen von der Nockalmstraße aus. Vom Klomnock aus hat man die Möglichkeit, am Kamm entlang nach beiden Richtungen – zum Mallnock hin oder ein Stück in Richtung Falkert –, je nach Belieben, zu wandern.

WEGVERLAUF. Etwas nach der Hütte (gesehen aus Richtung Ebene Reichenau), auf der anderen Straßenseite, beginnt der Pfad (später Nr. 15) zum Klomnock. Er steigt erst mäßig an und zieht sich dann nach rechts steil in Serpentinen hoch. Danach geht es nach links auf dem Kamm vollends hoch zum Gipfel. Abstieg wie Anstieg.

Rechts der Hütte zieht ein Pfad steil nach oben zum Gipfel des felsigen Schiestlnocks. Der Weg ist nicht zu verfehlen. Abstieg wie Anstieg.

AUSGANGSPUNKT
Glockenhütte auf der Schiestlscharte (2024 m).

ZEIT
Etwa 2 Stunden (Klomnock) bzw. etwa 1 Stunde (Schiestlnock).

HÖHENUNTERSCHIED
Etwa 300 Meter (Klomnock) bzw. etwa 170 Meter (Schiestlnock).

EINKEHRMÖGLICHKEIT
Glockenhütte.

SONSTIGES
Schmale Steige, für trittsichere Bergwanderer aber unschwierig zu begehen.

Königstuhl

(2336 m) – Variante 1

Bis auf die letzte halbe Stunde Gipfelanstieg ist man bei dieser Wanderung zum Dreiländergipfel Königstuhl ziemlich allein, dann allerdings kommen die Wanderer dazu, die auf Parkplätzen der nahen Nockalmstraße bzw. am Grünleitennocklift gestartet sind.

WEGVERLAUF. Gegenüber der Hütte beginnt das überaus romantische, unter Naturschutz stehende Rosanintal, das, immer leicht ansteigend, direkt nach Süden unter den Steilabsturz des Königstuhls führt. Nach einer Stunde hat man den allmählich verlandenden Rosaninsee erreicht. Nun geht es steiler weiter, zuerst zur Scharte, dann von ihr aus nach links zum schon von weitem sichtbaren Gipfel.

Beim Abstieg gehen wir zuerst zurück zur Scharte, dann noch einige Minuten weiter geradeaus, bis rechts der Friesenhalssee (2220 m) erscheint. Hinter ihm steigen wir auf zum sichtbaren Gipfelkreuz des Seenocks (2260 m). Ab jetzt wandern wir immer auf dem Kamm über den Vogelsangberg (2207 m) zum Saueregguock (2240 m) und dann steil hinab zum Stubennock (2092 m). Nun folgt nochmals ein Abstieg.

Geologisch Interessierte merken, dass nach dem Steilstück das Gestein kurzfristig von Urgestein zu Kalkgestein wechselt – es zieht sich ein schmales Kalkband quer durch die Nockberge.

Beachten sollte man hierbei auch den Wechsel der Alpenrosenarten – auf Kalkgestein wächst die Bewimperte, sonst die Rostrote Alpenrose. Vorbei an den Resten mittelalterlichen Erzabbaus (Abraumhalden und Ruinen von Knappenhäusern) erreicht man bald den Ausgangspunkt.

AUSGANGSPUNKT
Dr.-Josef-Mehrl-Hütte (1720 m) des OeAV, Sektion Wien.

ZEIT
Etwa 4 Stunden.

HÖHENUNTERSCHIED
Etwa 700 Meter.

EINKEHR-MÖGLICHKEIT
Dr.-Josef-Mehrl-Hütte.

SONSTIGES
Es handelt sich um eine unschwierige Wanderung – nur bei den zwei Abstiegen am Schluss sollte man etwas vorsichtig sein; meist geht es über freie Almflächen.

Königstuhl

(2336 m) – Variante 2

Dies ist eine andere Variante, zum Gipfel des aussichtsreichen Dreiländerbergs Königstuhl zu gelangen. Da man bereits auf über 2000 Meter Höhe startet, sind hier auch weniger Höhenmeter zu bewältigen, so dass diese Tour sich wohl am besten für Kinder eignet.

WEGVERLAUF. Wir wandern auf dem markierten schmalen Steig in nördlicher Richtung. Nach rund 500 Metern kommt eine Verzweigung. Der rechte Weg ist direkter, der linke bringt noch einen kurzen, zusätzlichen Anstieg über die Eisentalhöhe (2180 m) mit sich.

Danach treffen wir auf den querenden Weg Nr. 118, der von links vom Grünleitennocklift herkommt. In ihn biegen wir nach rechts ein. Gleich darauf sehen wir links den kleinen Friesenhalssee. Meist befinden sich hier außer den Rindern noch Pferde auf der Weide.

Es geht nun weiter nach rechts zur Königstuhlscharte, wo der Weg vom Rosaninsee hochkommt, und von dort aus auf Weg Nr. 125 steil empor zum Gipfel. Rückweg wie Anstieg.

AUSGANGSPUNKT
Eisentalhöhe (2042 m), mautpflichtig zu erreichen über die Nockalmstraße.

ZEIT
Etwa 3 Stunden.

HÖHENUNTERSCHIED
Etwa 300 Meter.

SONSTIGES
Man wandert auf schmalen Steigen; wo keine Markierungen zu sehen sind, kann man auch »auf Sicht« gehen.

Königstuhl

(2336 m) – Variante 3

Auch bei diesem Vorschlag ist der aussichtsreiche Königstuhl das Ziel.

WEGVERLAUF. Von der Bergstation aus führt der Pfad (Nr. 118) erst zum Gipfel des Grünleitennocks (2160 m). Von dort aus geht es etwas abwärts zur Grünleitennockscharte, dann aber, mäßig ansteigend, vorbei am Friesenhalssee, zum Gipfelaufbau des Königstuhls. Hier müssen wir nochmals steil empor zum Gipfel ansteigen.

Zurück gehen wir denselben Weg.

AUSGANGSPUNKT
Bergstation des Grünleitennocklifts (2130 m).

ZEIT
Etwa 3 Stunden.

HÖHENUNTERSCHIED
Etwa 600 Meter.

SONSTIGES
Die Wanderung verläuft meist auf guten Pfaden und Steigen.

Peitlernock (2244 m) – Bärenaunock (2292 m) – Hohe Pressing (2370 m)

Die drei Gipfel – der 2292 Meter hohe Bärenaunock zählt noch mit dazu – zählen nicht zu den belebtesten der Nockberge. Zu Unrecht, denn sie liegen in einer wunderschönen Landschaft und sind relativ leicht zu erklimmen.

WEGVERLAUF. Wir wandern auf dem etwas oberhalb des Nockalmhofes westwärts führenden Forstweg zur bald sichtbaren Bärengrubenalm. Der Gipfel, den wir hinter ihr sehen, ist übrigens der Bärenaunock. Vor den Hütten zweigt nach links der später mit Nr. 121 markierte Steig zum Peitlernock ab. Durch lichten Wald geht es ziemlich gerade aufwärts. Wir überqueren ein Forststräßchen, danach kommen wir bald auf den Rücken der Nordostschulter des Peitlernocks. Hier geht es nach rechts weiter. Immer ansteigend über die freie Almlandschaft mit den vielen ausgebleichten Baum»leichen« kommen wir auf den Peitlernock.

Hier steigen wir nach rechts etwas ab in einen Sattel, danach geht es in felsigem Auf und Ab zum Bärenaunock. Wer möchte, wandert nun nach links zur einladend herübergrüßenden Hohen Pressing. Hin und zurück müssen wir mit etwa 1 $^{1}/_{2}$ bis 2 Stunden rechnen.

Vom Bärenaunock zurück geht es rechts des Gipfelkreuzes bzw. Steinmannes steil bergab. Bis zur Weißscharte umrunden wir den schönen Talkessel der Bärengrubenalm. Die reichen Alpenrosenbestände überziehen im Juni die Hänge mit einem leuchtenden Rot. Wer beim Absteigen die Markierungen aus den Augen verlieren sollte, orientiert sich an den Felsen auf der Nordwand des Kessels. Unter ihnen steigen wir links des Baches dann steil hinab zu den Almhütten und spazieren von dort aus auf bekanntem Weg zurück.

AUSGANGSPUNKT
Nockalmhof (1673 m).

ZEIT
Etwa 4 Stunden, einschließlich Hohe Pressing 5–6 Stunden.

HÖHENUNTERSCHIED
Etwa 650 Meter, einschließlich Hohe Pressing etwa 850 Meter.

SONSTIGES
Die Tour verläuft auf schmalen, meist gut markierten Steigen, i. d. R. über Almwiesen. Gelegentlich ist der Weg aber auch etwas felsig. Man sollte also trittsicher sein.

Über die Blutige Alm zum Anderlesee

Seen sind immer verlockend. Insbesondere, wenn es sich um so reizvolle kleine Bergseen handelt wie bei der »Seenplatte« um den Anderlesee auf der Blutigen Alm – und die zudem noch von romantisch verfallenen Berghütten eingerahmt sind.

WEGVERLAUF. An der Bergstation spazieren wir auf dem nach Westen führenden Pfad. Gaipahöhe bzw. Anderlesee ist bereits angezeigt (Nummer erst 114, dann 113). Fast eben führt der Weg über die Blutige Alm, die ihren Namen von einer angeblichen Schlacht in grauer Vorzeit hat, bis zum Abzweig nach rechts zur Gaipahöhe (2192 m). Diesen kurzen Anstieg sollten wir auf jeden Fall »mitnehmen«.

Vom Gipfelkreuz aus können wir entweder wieder zurück auf Weg 113 gehen oder wir wenden uns pfad- und markierungslos nach Westen. Dort sehen wir zwei große Steinmänner. Von ihnen aus erblicken wir auch etwas tiefer wieder den Weg, auf den wir zuhalten.

Bald darauf führt er an der Kameritzhöhe (2167 m) vorbei, danach senkt er sich hinab zu den Seen. Zwei liegen direkt am Weg, die anderen befinden sich etwas nordwestlich hinter den Hügeln.

Zurück gehen wir denselben Weg.

Wer möchte, kann die Wanderung noch ausdehnen. Den Gmeinnock sieht man bereits von den Hügeln hinter den vorderen Seen, von dort aus können noch Schwarzwand, Roter Riegel, Laußnitz-See oder Sehereck erwandert werden.

AUSGANGSPUNKT
Bergstation des Sessellifts auf die Blutige Alm, Innerkrems (2000 m).

ZEIT
Etwa 3–4 Stunden – oder mehr.

HÖHENUNTERSCHIED
Etwa 200 Meter – oder mehr.

SONSTIGES
Es handelt sich um eine einfache Familienwanderung auf bestens markierten Pfaden ohne große Höhenunterschiede. Durch die Seen besonders reizvoll für Kinder. Man kann ständig auf Sicht wandern und – da man auf demselben Weg wieder zurückgeht – die Wanderung noch ausdehnen, so lange man Lust (und Kondition) hat. Dabei sollte man aber die Zeit der letzten Talfahrt des Sessellifts im Auge behalten.

Salzsteig und Lattersteig
– Variante 1

Diese Wanderung führt uns in eine nocktypische Gegend mit weiten und sanften Almgebieten.

Allerdings erleben wir dabei auch die wenigen felsigen Stellen, die die Nockberge zu bieten haben – insgesamt also eine recht abwechslungsreiche Tour.

WEGVERLAUF. In Hochrindl wandern wir auf dem geradeaus nach Norden in Richtung Weißes Kreuz führenden Sträßchen. Mit Auf und Ab und vorbei am Anderlekreuz und durch locker mit schönen Lärchen bestandene Almwiesen erreichen wir nach einer Stunde das Weiße Kreuz. (Bis hierher können wir uns auch von Hochrindl aus fahren lassen.)

Nun halten wir uns rechts. Vorbei an der Jurihütte und auf ziemlich ebenem Almweg erreichen wir eine Verzweigung, wo wir uns links in Richtung Hirnkopf halten. An der nächsten Verzweigung folgen wir dem nach links den Berg hinaufzeigenden Wegweiser zur Lattersteighöhe. Nach kurzem Anstieg sind wir auf dem Kamm der Kalteben, nun geht es nach rechts und immer geradeaus und mit etwas Auf und Ab in Richtung Lattersteighöhe.

Nach einiger Zeit wird es leicht felsig. Links unten sehen wir einen Weg. Wer abkürzen möchte, steigt weglos ab und geht auf diesem nach links zurück. Ansonsten wandern wir weiter, bis unser Pfad in das Almsträßchen einmündet. Nun spazieren wir auf diesem Weg immer abwärts bis zum Weißen Kreuz und von dort nach rechts auf bekanntem Weg zurück.

AUSGANGSPUNKT
Hochrindl (1560 m).

ZEIT
Etwa 5–6 Stunden.

HÖHENUNTERSCHIED
Etwa 700 Meter.

EINKEHRMÖGLICHKEIT
Hochrindl.

SONSTIGES
Die Tour verläuft anfangs und am Schluss auf einem Almweg, dazwischen weglos über Almflächen.

Salzsteig und Lattersteig
– Variante 2

Ein Stück dieser Wanderung stimmt mit dem von Vorschlag Nr. 48 überein, allerdings sind Ausgangspunkt und Zugang zum zentralen Teil anders.

WEGVERLAUF. An der Bergstation wandern wir auf dem Kamm direkt nach Süden bis zu dem Wegweiser, der geradeaus den Berg hinauf zur Lattersteighöhe weist. Nun wandern wir, wie in Variante 1 beschrieben, in Richtung Lattersteighöhe und steigen von dort ab zum Weißen Kreuz. Dann geht es auf dem Almsträßchen wieder zurück bis zu dem oben erwähnten Wegweiser und von hier aus auf bekanntem Weg zurück zur Bergstation. An der Verzweigung etwas vorher besteht aber auch die Möglichkeit, nach rechts nach Flattnitz abzusteigen.

AUSGANGSPUNKT
Bergstation der Hirnkopfbahn (1840 m), Flattnitz.

ZEIT
Etwa 4–5 Stunden.

HÖHENUNTERSCHIED
Etwa 400 Meter.

SONSTIGES
Die Tour verläuft teilweise weglos über Almwiesen, teilweise auf Almwegen.

Dieslingsee (1818 m) – Eisenhut (2441 m)

Manche bezeichnen den kleinen idyllischen Dieslingsee am Fuße des Eisenhuts als den schönsten aller Nockseen. Er ist auch tatsächlich ein kleines, einsames Paradies. Die Wanderung bis zum See eignet sich auch für solche Wanderer, die sich den Eisenhut nicht zutrauen. Dessen Besteigung – mit seinem markanten Doppelgipfel ist er von allen umliegenden Gipfeln recht gut zu erkennen – gehört sicherlich zu den eindrucksvollsten, aber auch anspruchsvollsten aller Wandererlebnisse in den Nockbergen. Leider sind aber alle Anstiegsmöglichkeiten zu ihm gleichermaßen lang und anstrengend.

WEGVERLAUF. Wir nehmen die direkt an der Bundesstraße abgehende Forststraße, bezeichnet mit Nr. 129. Auf ihr steigen wir entlang des Minibaches an. Nach einigem Anstieg wird es etwas flacher und wir spazieren über einen herrlichen Almboden. Dahinter steigt der Weg durch eine interessante Blockwildnis wieder leicht an zum idyllischen Dieslingsee. Sogar Tische und Bänke stehen hier. Wer nicht bis zum Eisenhut weiterwandern möchte, geht ab hier zurück.

Zum Eisenhut geht es nach rechts weiter. Der Pfad steigt durch eine wunderschöne Landschaft in Serpentinen an in den schönen Talschluss zwischen Eisenhut und Wintertaler Nock. Anfangs gibt es noch einige kurze, ebene Strecken, dann aber geht es steil empor. Von abweichenden Zeichen dürfen wir uns nicht irritieren lassen. Wir folgen immer dem aufwärts führenden Weg Nr. 129. Schließlich erreichen wir die Ostschulter des Eisenhuts, von wo wir auch zum ersten Mal nach Norden in Richtung Salzburger Land und Niedere Tauern sehen können. Hier wenden wir uns nach links und sehen bald auch schon das Gipfelkreuz.

Zurück gehen wir denselben Weg.

AUSGANGSPUNKT
Hannebauer (1161 m), zwischen Turrach und Predlitz an der B 95.

ZEIT
Etwa 3–4 Stunden (Dieslingsee) bzw. 6–7 Stunden (Eisenhut).

HÖHENUNTERSCHIED
Etwa 650 Meter (Dieslingsee) bzw. 1300 Meter (Eisenhut).

SONSTIGES
Wir wandern auf Forststräßchen und auf steilen Steigen, Ausdauer erforderlich. Die Tour zum Eisenhut sollte nur bei sicherem Schönwetter unternommen werden.

Orte

Bad Kleinkirchheim

Höhe: 1100 m
Einwohner: 1860

Allgemeines & Geschichte

Östlich vom Millstätter See liegt inmitten der Nockberge in einem waldreichen, sonnigen Tal Bad Kleinkirchheim, ein sowohl im Sommer wie im Winter bedeutendes Fremdenverkehrszentrum mit besten Unterkunftsmöglichkeiten. Auch in Golfkreisen hat sich Bad Kleinkirchheim einen hervorragenden Ruf erworben. War der Ort bis in die 60er Jahre des 20. Jhs. hinein fast unberührt, setzte dann aber eine stürmische Entwicklung ein, bedingt auch durch die schon seit Jahrhunderten bekannte und genutzte Thermalquelle. Schon im 15. Jh. wurde sie mit der Kathreinkirche überbaut und geschützt. Mittlerweile hat man weitere Bohrungen durchgeführt.

Die Wassertemperatur beträgt nun beim Quellaustritt 36°C, die Temperaturen im Römerbad und in der St. Kathreintherme liegen zwischen 36°C und etwa 24°C in den Freibecken.

Das Kirchheimer Tal gehörte zum Besitz des Benediktinerklosters Millstatt, später kam auch das Tal von St. Oswald dazu.

1598 übernahmen – nach den Benediktinern und den St. Georgs-Rittern – die Jesuiten die Herrschaft in Millstatt. Von den folgenden harten Zeiten – Gegenreformation, Türkeneinfälle und Bauernaufstand – blieb auch Bad Kleinkirchheim nicht verschont. Ein »Bauernbad« gab es bereits seit 1470.

Entdeckt wurde die Heilquelle vom bayrischen Pfalzgrafen Poto, der sich hier vor seinen Häschern versteckte, die ihn suchten, als er gegen Kaiser Heinrich III. aufbegehrt hatte und die Verschwörung niedergeschlagen wurde. Er badete seine Wunden darin und war nach kurzer Zeit wieder gesund. Der Name des Ortes kommt von »Chirchem«, den Zusatz »Klein« erhielt es erst im 16. Jh., um leichter von »Groß«kirchheim im Mölltal unterschieden werden zu können.

Kuren

Heilbad. Radonführende Akratotherme mit 24–32°C warmem Wasser. Indikationen gegen Verbrauchserscheinungen, neurovegetative Fehlregulationen, Rheuma, Nervenentzündungen, Bandscheibenschäden, Migräne, Allergien, Blutarmut, Erschöpfungszustände, nach Kinderlähmung. Kneippkuren.

Sehenswürdigkeiten

PFARRKIRCHE ST. ULRICH. Die von den Millstätter Benediktinern 1743 errichtete barocke Pfarrkirche St. Ulrich (erstmals erwähnt 1166) besitzt an der Decke des Langhauses ein riesiges Gemälde (1926–28) mit der Darstellung der Schlacht auf dem Lechfeld. An der Südwand sieht man ein Fresko aus dem Barock. Der Turm mit dem Zwiebeldach ist von 1837. Altäre und Grabsteine stammen aus dem 18. Jh. Hinter der Kirche steht die moderne, architektonisch interessant gestaltete Jakobuskapelle, die mit Malereien ausgestattet ist.

WALLFAHRTSKIRCHE ST. KATHARINA IM BADE. Die spätgotische Wallfahrtskirche St. Katharina im Bade wurde 1492 über der Heilquelle errichtet. Sie besitzt einen holzüberdachten Zugang, Dachreiter und Netzrippengewölbe. Innen sollte man den schönen spätgotischen Flügelaltar (um 1510) betrachten.

Sehenswert sind auch die Freskenreste, die Sonnenuhr, die Malereien und die volkstümlichen Flachschnitzereien (Anfang 16. Jh.). In der Krypta entspringt die Heilquelle.

Diese Unterkapelle war früher zugleich die Badestube. Der Pfarrer soll gemäß einer Nachricht aus dem Jahr 1672 täglich die Messen zelebriert haben, »wenn Herren und Frauen sich im Bade befinden«.

EVANGELISCHE KIRCHE. Die kleine Kirche wurde 1938 nach Plänen von Switbert Lobisser als Holzkirche errichtet und erinnert an skandinavische Kirchen.

BÄUERLICHE ARCHITEKTUR. In der Umgebung findet man noch sehenswerte Kärntner Ringhöfe, insbesondere in St. Oswald. Bei den Ringhöfen bilden verschiedene Bauten, die jeweils für bestimmte Zwecke gedacht sind, ein Viereck. Interessant sind auch die zweistockigen Troadkastn (Getreidespeicher).

Schöne Beispiele sieht man bei Nr. 11, bei Nr. 14 in Rottenstein bei Unterraunig, Nr. 12, 15 und 29 bei vulgo Zirkitzer, außerdem bei den Höfen in St. Oswald.

Die **TRATTNIG-MÜHLE** ist eine alte Flodermühle, von denen es einst 35 am St. Oswald-Bach gab. Flodermühlen nahmen das Prinzip der Kaplanturbinen vorweg, indem sie die Wasserkraft nicht durch ein senkrechtes, sondern durch ein waagrechtes Wasserrad ausnutzten. Dabei gab es einst Beutelmühlen, in denen die Kleie vom Mehl getrennt wurde, und die einfacheren Stockmühlen, bei denen dies nicht der Fall war.

Der **TRATTLER-KALKBRENNOFEN** war das letzte Mal in den fünfziger Jahren des 20. Jahrhunderts in Betrieb. Er wurde hervorragend restauriert. Der hier gewerbsmäßig gewonnene gebrannte Kalk war früher ein wichtiger Baustoff. Aus einer Ofenfüllung mit sechzig Tonnen Kalksteinen gewann man etwa dreißig Tonnen dolomitischen Kalk. Dabei verbrannte man etwa vierzig bis fünfzig Kubikmeter Brennholz. Während der 85 Stunden dauernden Brennzeit wurden Temperaturen bis zu 1200 Grad Celsius erreicht.

Ausflugsziele

ST. OSWALD. Am Ortseingang des zu Bad Kleinkirchheim gehörenden St. Oswald sieht man auf der rechten Seite die alte Volksschule mit einer Tafel für Dr. Oswin Moro, den bekannten Kärntner Volkskundler, links steht die alte Messner-Keusche. Vor der Kirche sehen wir das heutige Messnerhaus, ein nettes kleines Holzhaus.

Die erste Kirche wurde bereits 1267 genannt, das heutige Gebäude stammt von 1554. Sie besitzt sehenswerte Barockaltäre. Der von 1678 stammende Hauptaltar ist mit einem Bild von 1678 geschmückt, das den hl. Oswald zeigt.

Am Triumphbogen sieht man eine Kreuzigungsgruppe aus dem 15. Jahrhundert. Etwas Besonderes ist auch die von 1837 stammende Orgel, sie ist eine der letzten im Lande mit ausschließlich hölzernen Pfeifen. Beachten sollte man auch das spätgotische Taufwasserbecken und die aus der Spätgotik stammenden Türschlösser und Beschläge. Über dem Eingang sieht man Fresken von 1514 mit Ölberg und Kreuzigung. Das alte Christopherusfresko wurde erst bei der Renovierung freigelegt.

Die St. Oswalder Schmiede und Säge wurde 1565 erwähnt, das Recht zum Schmieden ist ihr allerdings erst ein Jahr später verliehen worden. Zu Anfang der Besiedlungszeit des Tales war die Säge der wichtigere Teil, da man zum Bauen viel Holz benötigte.

Ab dem 18. Jahrhundert wurde dann die Schmiede bedeutender als die Säge. Da man nach dem Ersten Weltkrieg mehr Werkzeug schmiedete, erhielt die Schmiede einen Schwanzhammer mit einer 830 Kilogramm schweren Schawotte. Später stellte sich der Schmied auf das Gewerbe des Kunstschmieds um.

Sie ist als kleines, immer geöffnetes Handwerksmuseum eingerichtet.

Die kleine, aber stark schüttende Oswaldiquelle ist heute in einem Häuschen gefasst, so dass man sie nicht mehr sieht. Nach einer Sage versank einst ein Paar Ochsen im Falkertsee, sein Joch wurde ein Jahr später bei der Oswaldiquelle entdeckt. Danach wäre die Quelle der Abfluss des Falkertsees! Die Oswaldi-Kapelle stammt von 1835. Sie wurde von dem bekannten Maler Johann Gasser ausgemalt, nach dem auch der Hans-Gasser-Platz in Villach benannt ist.

Der Weger-Blochstadl besteht außer dem Anbau von 1727 aus Rundhölzern, die in Blockbau mit Kopfschrot als Eckverbindung gezimmert sind. Er stammt aus dem 17. oder 16. Jahrhundert.

Porsche
Automuseum

Gmünd

Höhe: 740 m
Einwohner: 2610

Allgemeines & Geschichte

Der Ort mit dem mittelalterlichen Stadtbild, ein »kärntnerisches Rothenburg«, liegt an der Einmündung des Maltatales in das untere Liesertal und westlich der Nockberge und ist somit ein idealer Ausgangspunkt für Bergtouren in die Umgebung sowie ein interessanter Ort für »Freunde der Geschichte«. Gmünd nennt sich auch Kultur- und Künstlerstadt; erhielt 1999 den ersten Preis beim Landeswettbewerb »Lebenswertes Kärnten« und errang 2000 den »Europäischen Dorf-Erneuerungspreis«.

Das von Mauern mit 4 Stadttoren umrahmte Städtchen führt seine Entstehung vermutlich auf die Römerzeit zurück, als eine Straße von Teurnia durch den Lungau und über den Radstädter Tauern nach Salzburg verlief. Die heutige Stadt wurde um 1240 von dem Salzburger Erzbischof Eberhard II. gegründet. Erstmalig erwähnt wurde Gmünd 1252, 21 Jahre später wurde es als salzburgischer Markt genannt. Das Stadtrecht wurde 1346 verliehen, außerdem das »Friesacher Recht« sowie das Marktrecht zu Michaeli. Vor allem das 15. Jh. war für Gmünd als vielbesuchter Handelsort eine Blütezeit.

1478 konnten die Türken erfolgreich abgewehrt werden; in den nächsten Jahrhunderten jedoch erlebte Gmünd verschiedene Herrschaftsverhältnisse (Ungarnkönig Matthias Corvinus, Kaiser Maximilian I., Erzbischof von Salzburg, Freiherr Georg von Khevenhüller).

1525 wurde die Stadt von den Bauern besetzt. Im 17. Jh. wurde sie von Erzbischof Wolf Dietrich von Raitenau an Graf Christoph Lodron verkauft. Nach zahlreichen Verpfändungen kam es erst 1848 schließlich zur Aufhebung der Grundherrschaften. Durch Brände in den Jahren 1504, 1594, 1616 und 1792 erlitt die Stadt schwere Zerstörungen. Die Gegend wurde protestantisch, so dass die Gegenreformation um 1600 vom »Ketzerhammer« Bischof Martin Brenner mit Gewalt durchgesetzt werden musste. 1690 gab es ein schweres Erdbeben. 1773 fand mit Eva Faschaunerin, die ihren Mann mit Arsenik vergiftet haben soll, die letzte Hinrichtung statt.

In Gmünd arbeitete 1944–50 Prof. Dr. Ing. h. c. Ferdinand Porsche und konstruierte hier das erste Auto, das seinen Namen trug: den legendären Porsche 356. Insgesamt entstanden hier 44 Coupés und 8 Cabrios.

Auch Tradition wird hochgehalten – der 1834 gegründete Männergesangsverein ist der älteste Österreichs!

Sehenswürdigkeiten

Im gesamten Altstadtbereich innerhalb der Stadtmauern gibt es jede Menge stattlicher alter Bürgerhäuser mit interessanten Architekturdetails. Ein besonders schönes Ensemble bildet der durch 2 Tore abgeschlossene Hauptplatz in der Form des 13. Jhs., der vom Unteren bis zum Oberen Tor reicht. Hier sieht man aus dem Mittelalter stammende Häuser, die teilweise zwischen dem 16.–18. Jh. umgebaut wurden.

Die Gmünder Altstadt ist von einer aus dem 16. Jh. stammenden Ringmauer umgeben, Zugang zur Stadt gewähren 4 Tore. Am Oberen Stadttor sieht man an der Innenseite einen mittelalterlichen Pranger (1576, im 17. Jh. erneuert) sowie eine Gedenktafel des Bildhauers Hans Gasser. Besonders schön ist das Untere Tor (1504) mit einem Dachreiter, Zwiebeltürmchen und geschwungenem Giebel (18. Jh.). In diesem Turm befindet sich auch das Heimatmuseum. Das Maltator, ein schönes »Spitzwegmotiv«, stammt von 1504.

Das Pankratiustor ist zweigeschossig.

PFARRKIRCHE MARIA HIMMELFAHRT. Die 1339 geweihte spätgotische Pfarrkirche Maria Himmelfahrt ist eine dreischiffige Hallenkirche mit einem hohen, spitzen Turm. Innen sieht man einen schönen Chor mit Kreuzrippengewölben, die prächtige spätgotische Halle ist mit einem schönen Netzrippengewölbe versehen. Der prächtige barocke Säulen-Hochaltar stammt von 1722/1730 und ist mit einem beachtenswerten Gemälde mit der Himmelfahrt Mariens von Jakob Zanussi ausgestattet. Die reich verzierte Rokokokanzel stammt von 1779. Beachtenswert sind die Rosenhaimer Kapelle (reiche Ausstattung) sowie die hinter dem Chor außen angebaute kreisförmige Kapelle für Hans Rudolf von Raitenau, den Bruder des Salzburger Erzbischofs Wolf Dietrich von Raitenau.

»EVA-FASCHAUNERIN«-HEIMATMUSEUM. Kirchgasse, im ehemaligen Gerichtsgebäude und Schüttboden der Herrschaft. Das Museum ist Eva Faschaunerin gewidmet, die am 9. 11. 1773 als letztes Opfer der Folter in Gmünd hingerichtet wurde, weil sie ihren Mann vergiftet haben soll.

ÖFFNUNGSZEITEN
»Eva-Faschaunerin«-Heimatmuseum.
Juni bis September, täglich 10.30–12 Uhr und 14–17 Uhr.
Tel. 04732/2215-14 und 04732/2215-18.
Davor steht ein Holzpranger.

NEUES SCHLOSS. Hauptplatz. Die schlichte, an den Salzburger Baustil erinnernde dreiflügelige Anlage wurde 1651–54 von den Grafen Lodron-Laterano nach Plänen des Salzburger Dombaumeisters Solari errichtet. Man sollte die barocken, steinernen Löwen (1670/80) beachten, die aus dem Mirabellgarten in Salzburg hierher verbracht wurden und am Eingang zum Park stehen. Im Schloss befinden sich heute die Hauptschule, die Turnsäle, Stadtsäle sowie eine Schul- und öffentliche Bibliothek. – Beim Schloss befindet sich auch der Prof.-Ferdinand-Porsche-Park mit einem Denkmal für den genialen Konstrukteur.

ALTES SCHLOSS (BURG). Das mächtige, 4- bis 5-geschossige Alte Schloss der Salzburger Erzbischöfe liegt hoch über der Stadt und wurde 1291 erstmals erwähnt.

Es ist heute Ruine und mit Mauern mit dem Oberen Tor verbunden. Schäden wurden 1690 durch ein Erdbeben und 1886 durch einen Brand verursacht. Heute befindet sich ein erstklassiges Restaurant in der Anlage.

PORSCHE AUTOMUSEUM HELMUT PFEIFHOFER. Riesertratte 4a. 1944 bis 1950 befand sich in Gmünd das Porschewerk. Das private Automuseum wurde 1982 errichtet und zeigt Exponate von den ersten Porschekonstruktionen bis zu modernen Sportwagen.

ÖFFNUNGSZEITEN
Porsche Automuseum Helmut Pfeifhofer.
Mitte Mai bis Mitte Oktober 9–18 Uhr, ansonsten 10–16 Uhr. Tel. 04732/2471, www.porschemuseum.at.

KREUZBICHLKIRCHE. Nördlich der Stadt links der Straße nach Eisentratten steht die 1588 erwähnte Kreuzbichlkirche; sie ist die einzige geteilte Kirche Österreichs, denn östlich der alten Katschbergstraße steht der Kapellenraum (1754), auf der Westseite saßen die Kirchenbesucher.

KALVARIENBERGKAPELLE. Hinter der Kalvarienbergkapelle befindet sich die Lodron'sche Gruft von 1840. Die 1629 erbaute Kirche besitzt einen schönen Säulen-Hochaltar von 1700.

Die Kreuzwegstationen wurden 1966 von Peter Brandstätter gestaltet.

Millstatt

Höhe: 588 m
Einwohner: 3350

Allgemeines & Geschichte

Der Kurort Millstatt liegt auf dem Schwemmkegel, den der Riegenbach halbinselförmig im Laufe der Jahrtausende in den See geschwemmt hat. Der Ort am Nordufer des gleichnamigen Sees ist ein beliebtes Urlaubsziel. Der 12 km lange und 1,5 km breite Millstätter See ist der zweitgrößte See Kärntens und mit bis zu 141 m auch der tiefste. Die Fertigstellung der Tauernbahn 1909 brachte die ersten Fremden an den See. Wassersportfreunde und Bergwanderer finden hier gleichermaßen Gelegenheit ihrem Sport zu frönen – ideal auch zum Kombinieren von verschiedenen Vorlieben innerhalb einer Familie. Für Golfliebhaber gibt es eine Anlage hoch über dem Millstätter See mit fantastischer Aussicht.

Als karolingischer Fürstensitz wurde der Ort bereits im 9. Jh. nachgewiesen, 1065 wurde er als Milistat erwähnt. Das Kloster, lange Zeit kultureller Mittelpunkt Kärntens, wurde um 1070–1088 als Benediktinerstift vom bayrischen Pfalzgrafen Aribo II. und seiner Frau sowie seinem Bruder Poppo gegründet. Hier entstand im 12. Jh. mit der Millstätter Sammelhandschrift, der Millstätter Genesis, die erste deutschsprachige Dichtersammlung in Österreich. Im Jahre 1469 kam das Stift an den Georgsritterorden unter dessen erstem Hochmeister Johann Siebenhirter, der das Stift wehrhaft ausbauen ließ.

1598 wurde es (auch im Zuge der Gegenreformation) dem Jesuitenorden übergeben, dem die barocke Neuausstattung der Kirche zu verdanken ist. Anschließend wurde die Stiftskirche zur Pfarrkirche. Für den Ortsnamen gibt es mehrere Erklärungsversuche. Einerseits glaubt man, er kommt von Mühlen, »Stätte am Mühlenbach« oder »Stätte an der Mils«, wobei mit Mils der slawische Name für den Riegenbach gemeint ist; glaubhafter wohl ist die Version, dass er vom slawischen »mil« und »stat«, das heißt »Ort der Gnade«, abgeleitet ist. Eine andere Erklärung ist die Ableitung vom vorrömischen Wort »melissia« = Gegend der Bergbäche. Am häufigsten liest man aber die sagenhafte Erklärung, dass der Karantanenherzog Domitian hier nach seiner Bekehrung zum Christentum die 1000 Statuen (mille statuae) eines heidnischen Tempels in den See geworfen haben soll.

Ortsbild & Sehenswürdigkeiten

Das ehemalige Hochmeisterschloss, das spätere Hotel »Lindenhof«, stammt im Kern aus dem 15. Jh. Am Westturm (Siebenhirterturm) sieht man eine Wappentafel des Hochmeisters Siebenhirter (1499).

Im Lindenhof steht eine 1000-jährige Linde mit 12 m Stammumfang, im Benediktinerhof eine 500-jährige Linde.

Sehenswert ist der Marktplatz, der von interessanten Gebäuden umstanden ist, z. B. das Rathaus (16. Jh.), das Burgstallerhaus (17. Jh.) mit Schnitzstatue und das ehemalige Spital, Seestr. 71, mit Wandbildern. Hier steht auch der historistische Marktbrunnen, ein Schalenbrunnen in 3 Etagen von etwa 1900.

Der Pfarrhof, Stiftsgasse 3, stammt von etwa 1850.

Bemerkenswert sind auch die modernen Skulpturen, die man um die Kirche, aber auch sonst im Ortsbild sieht.

Am östlichen Ortsende steht ein mächtiger, 9 m hoher Bildstock (Hohes Kreuz) von etwa 1610/20, er ist mit Fresken und Skulpturen geschmückt.

An der Brücke sieht man einen Nischenbildstock mit einer Nepomukskulptur von 1730.

Oberhalb des Marktes findet man im Friedhof die barocke Kalvarienbergkirche mit der Hl.-Grab-Kapelle. Sehenswert ist die lebensgroße, geschnitzte Kreuzigungsgruppe und der lebensgroße liegende Christus in einer Felsnische (um 1700). Die Fresken wurden teilweise 1965 in modernem Stil erneuert.

BENEDIKTINERSTIFT. Das ehemalige, romanische Benediktinerstift mit Kreuzgang schließt südlich an die Kirche an und gilt als das wichtigste Zeugnis romanischer Kunst in Kärnten. Insbesondere die romanischen Säulenfüße und die Kapitelle im mit Spitzbogengewölben ausgestatteten Kreuzgang sind reich mit Fabelwesen und anderen Verzierungen geschmückt (ab 11. Jh.). Sehenswert ist auch das reichverzierte Portal. Das Wandgemälde im Ostflügel stammt vielleicht von Friedrich von Villach (um 1430). Im Durchgang zum Hof sieht man 2 karolingische Flechtwerksteine, die einen Vorgängerbau um 800 vermuten lassen.

Im Stiftsmuseum werden vor allem die Millstätter Geschichte, insbesondere vom 11. bis zum 18. Jh., und Exponate zur Geologie des Kärntner Oberlandes gezeigt, außerdem Exponate aus der Römerzeit. Besonders sehenswert ist die Gonzaga-Truhe, eine Katharinentafel aus der Spätgotik und der mit Ritzzeichnungen versehene ehemalige Kerker.

ÖFFNUNGSZEITEN
Benediktinerstift.
Juni bis September täglich 9–12 Uhr und 14–18 Uhr.
Tel. 04766/3039.

PFARRKIRCHE UND EHEMALIGE STIFTSKIRCHE CHRISTUS SALVATOR. Die Kirche des 1070 gegründeten Benediktinerstifts ist ein dreischiffiger romanischer Pfeilerbau mit Stufenportal (um 1170) und 2 mächtigen Zwiebeltürmen. Entstanden im 11. Jh., wurde sie durch verschiedene Brände im 12., 13. und 15. Jh. schwer beschädigt. Baumaßnahmen der St.-Georgs-Ritter im 15. und 16. Jh. bestimmen ihr heutiges Aussehen. In der Zeit der Gotik wurden Chor und Gewölbe umgebaut, die Jesuiten fügten noch die Barock- und Rokoko-Ausstattung im Inneren dazu.

In der mit einem Rippengewölbe gedeckten Vorhalle sieht man Passionsfresken von Friedrich von Villach (1482). Besonders schön mit seinen vielen Figuren ist das um 1170 entstandene romanische Stufenportal mit dem segnenden Christus im Tympanon, das zu den bedeutendsten romanischen Plastiken in Kärnten gerechnet wird. Das Innere der Kirche wurde um 1520 mit mehrfarbig getönten Sternrippengewölben eingedeckt. Um diese Zeit entstand auch das bedeutende Weltgerichtsfresko von Urban Görtschacher, das 1966 in den Innenraum übertragen wurde. Die Ausstattung gehört größtenteils dem Barock an. Beherrschend ist dabei der 1648 geschaffene Hochaltar mit dem Hauptbild der Dreifaltigkeitsverehrung (1825). Seitenaltäre und Kanzel werden in die Zeit um 1770–73 datiert. Von den Kapellen seien jene der beiden Hochmeister Johann Siebenhirter und Johann Geumann, deren kunstvoll gestaltete Grabdeckplatten sie in Ritterrüstung zeigen, erwähnt. Ebenso aber auch die Domitianskapelle zu Ehren des legendären Gründers von Millstatt mit einem prunkvollen Barockaltar. In der Fastenzeit hängt vor dem Hochaltar das zweitgrößte Fastentuch Kärntens.

Feste & Brauchtum

Beliebt sind die Internationalen Musikwochen. Bei der Fronleichnamsprozession marschiert die Millstätter Bürgergarde, eine uniformierte historische Schützengarde, mit.

Kuren

Heilklima

Ausflugsziele

VILLENWEG. Im Ort sieht man noch einige beeindruckende Hotel- und Villenbauten aus der Zeit um 1900 mit historisierenden Fassaden. Auf dem Villenweg kann man 20 historische Villen in Millstatt auf eigene Faust erkunden. Bei der Tourismusinformation ist hierzu ein Faltblatt erhältlich (Villa Gabrielenheim, Villa Amthof, Schloss Heroldeck ...)

SCHIFFFAHRT AUF DEM MILLSTÄTTER SEE. Es gibt eine Linienschifffahrt mit 10 Anlegestellen rund um den See.

INFORMATION
Schifffahrt auf dem Millstätter See.
Tel. 04766/2075.

BÄUERLICHE ARCHITEKTUR. In der Umgebung waren vor allem die für die Nockberge typischen Gehöftformen verbreitet: Einzelhöfe mit einer Vielzahl von kleineren Nebengebäuden. So einen Hof wird man heute zwar nicht mehr finden, trotzdem sieht man noch das eine oder andere sehenswerte Bauernhaus, wenn man die Dörfer um Millstatt offenen Auges durchstreift.

LAUBENDORF. Der Ort wurde 1177 erstmals erwähnt. 1957 wurden die Grundmauern einer frühchristlichen Saalkirche (Mitte 5. Jh.) entdeckt. Sehenswert ist die Priesterbank in der Apsis. Der Reliquienschrein, der mit einer römischen Inschriftplatte von 600 abgedeckt ist, und ein liturgischer Becher aus derselben Zeit sind jetzt im Stiftsmuseum Millstatt verwahrt.

OBERMILLSTATT. Um den oberhalb Millstatts liegenden Ort Obermillstatt sind schöne Wanderungen möglich. Die Pfarrkirche St. Johann Baptist stammt aus dem 17. Jh. (urkundlich erwähnt 1060/70). Sie besitzt einen mächtigen Zwiebelturm, ein Langhaus mit flacher Decke und einen kreuzrippengewölbten Chor. Sehenswert von der barocken Ausstattung sind der mit Schnitzfiguren geschmückte Hochaltar (Anfang 18. Jh.), der spätgotische Taufstein und die ornamental verzierte Kanzel (um 1720). – In der ehemaligen Volksschule, Nr. 7, wurde das Heimatmuseum eingerichtet. Hier sieht man die Entwicklung des Fremdenverkehrs sowie die Geschichte des Handels und Brauchtums der Region Millstatt.

ÖFFNUNGSZEITEN
Obermillstatt.
Juli, August,
Mo, Mi, Fr 15–18 Uhr,
Juni, September,
Mo, Mi, Fr 15–17 Uhr.
Mai, Oktober nach
tel. Vereinbarung.
Tel. 04766/20220
oder 04766/2617.

Spittal an der Drau

Höhe: 560 m
Einwohner: 16050

Allgemeines & Geschichte

Der Ort liegt an der Einmündung der Lieser in die Drau im von hohen Bergen umstandenen Lurnfeld, einem der beiden historisch wichtigsten Landschaften Kärntens. Er ist ein bedeutender Verkehrsknotenpunkt, Hauptort Oberkärntens und ein beliebter Fremdenverkehrsort. In der Umgebung findet man zahlreiche Gebirgsgruppen, die herrliche Wandermöglichkeiten bieten. Wassersport kann im Millstätter See betrieben werden. Erste Siedlungen im Lurnfeld, westlich von Spittal, lassen sich bis in die Jungsteinzeit zurückdatieren. Hier bestand bereits zu Römerzeiten eine Brücke über die Lieser. Die erste Erwähnung als »Markt« fand 1242 statt; einige Jahre später, 1263, ist ein Turm vermerkt, der zum Schutz des Marktes diente. Schon in dieser Zeit hatte der Ort im Zentrum einen geschlossenen Straßenplatz, der vom heutigen Schloss Porcia bis zum »Unteren Tor« reichte.

Der Name lässt sich auf ein Hospital zurückführen, das 1191 von den Grafen von Ortenburg, Otto II. und Hermann I., für Pilger am rechten Lieserufer gegründet wurde. Im Frieden von Pusarnitz (1460) wurde der Ort Kaiser Friedrich III. zugesprochen. Jetzt entstand auch eine neue Grafschaft Ortenburg und Spittal wurde zum Hauptort Oberkärntens, was bis dahin Lienz war.

Die nächsten Jahre waren von Türken- und Ungarnkriegen überschattet, 1478 wurde der Ort von den Türken niedergebrannt, danach von den Grafen Ortenburg und den Fürsten von Porcia wieder aufgebaut.

Die Porcia hatten große Rechte, denn sie durften Münzen herausbringen, Ritter ernennen,

Wappen und Lehen erteilen, Wochen- und Jahrmärkte verleihen u.v.m.

Der Bau des Schlosses Porcia wurde um 1530 von dem spanischen Generalschatzmeister Gabriel von Salamanca begonnen, in dessen Besitz die Grafschaft Ortenburg im Jahr 1524 gekommen war. Nach dem Aussterben der Grafen von Ortenburg-Salamanca 1639 wurde die Grafschaft Ortenburg von den Brüdern Widmann aus Venedig erworben. Diese verkauften sie 1662 an den friaulischen Fürsten Johann Ferdinand Porcia. 1795–1813 durchzogen die Truppen Napoleons dreimal den Ort, und 1797 wurde Spittal fast vollständig abgebrannt.

1848 ist die Grafschaft Ortenburg aufgehoben worden. Die Porcia saßen bis 1918 in dem Schloss, dann verkauften sie ihren Besitz samt Schloss an Baron Klinger von Klingerstorff. Spittal war 1919 vorübergehend Sitz der Kärntner Landesregierung, als nach dem Ersten Weltkrieg Kärnten und auch die Hauptstadt Klagenfurt von den Jugoslawen bedroht war. 1930 wurde Spittal zur Stadt erhoben.

Sehenswürdigkeiten

Der Hauptplatz, eine charakteristische Anlage aus dem 13. Jh., stammt im Kern aus dem 16. Jh. und ist von alten Bürgerhäusern umstanden. Er bietet eine lebhafte städtische Atmosphäre. Auch in der nach Westen dem Hauptplatz folgenden Tiroler Straße und am Neuen Platz sieht man Häuser mit prächtigen bunten und reich geschmückten Fassaden.

SCHLOSS PORCIA. Burgplatz 1. Das Schloss Porcia, eines der schönsten Renaissance-Gebäude Österreichs, ist sicherlich die Hauptsehenswürdigkeit Spittals. Es ist heute u. a. Sitz des Museums für Volkskultur, Schauplatz berühmter Komödienspiele und des Internationalen Chorwettbewerbs sowie Schauplatz diverser Konzerte im Ortenburgerkeller. Im Schlosscafè kann sich der Besucher zwischendurch erholen und die sehr guten Mehlspeisen genießen. Das Schloss wurde ab 1533 nach Plänen italienischer Baumeister im Auftrag des Spaniers Gabriel von Salamanca erbaut.

Das prunkvolle Hauptportal ist von Säulen umrahmt und besitzt einen barocken Aufsatz mit dem Wappen der Porcia, umgeben von Laubwerk und allegorischen Gestalten, die barocke Bekrönung stammt von dem St. Veiter Stuckateur K. Pittner (1702). Der Innenhof ist ein sehenswerter dreigeschossiger Arkadenhof mit reicher skulpturaler Ausstattung, der an Florentiner Palazzi erinnert. Hier sieht man auch eingemauerte römische Steine.

Das Museum für Volkskultur ist die größte volkskundliche Sammlung Österreichs. Hier sieht man u. a. hölzerne Maschinen, eine alte Schule, Spielzeug, Bauernstuben und Almhutten, Wintersport und Bergsteigen u. v. m. 1995 wurde das Museum mit dem »European Museum of the year award-special commendation« ausgezeichnet.

ÖFFNUNGSZEITEN
Schloss Porcia.
15. Mai bis 15. Oktober täglich 9–18 Uhr, sonst 13–16 Uhr.
Tel. 04762/2890.
Im Schloss befindet sich auch die Galerie Schloss Porcia, die zeitgenössische bildende Kunst zeigt.

RATHAUS. Burgplatz 5, gegenüber dem Schloss. Das dreigeschossige Rathaus (Khevenhüller-Stadtschloss), ein Renaissancebau, war das frühere Vizedomgebäude und wurde 1537 von Christoph Khevenhüller und Elisabeth Mannsdorf erbaut. Es besitzt ein mächtiges Renaissanceportal und im 2. Stock Fresken aus dem 16. Jh. Hier wurde 1538 Hans Khevenhüller geboren, der einer der bedeutendsten Diplomaten Europas werden sollte und in den Orden des »Goldenen Vlieses« aufgenommen wurde.

PFARRKIRCHE MARIA VERKÜNDIGUNG. Die 1191 erwähnte Pfarrkirche Maria Verkündigung war ursprünglich romanisch; der heutige dreischiffige Bau besteht aus Teilen des 13. bis 16. Jhs.; innen ist er modern bzw. neugotisch. Der Turm ist von 1896. Innen sieht man 2 Steinreliefs (1418),

Die Eisernen
20.30 Uhr
Schloss Porcia

KLINGAN
OPTIK SCHIFFER
KLINGAN
SP 225 AU

eine Steingusspieta (Anfang 15. Jh.) und an der Außenmauer zahlreiche Wappengrabsteine (16. Jh.). Das Vesperbild wurde um 1420 geschaffen. In der Kirche sollen Gabriel von Salamanca, Finanzminister von Kaiser Ferdinand I., und seine erste Frau Elisabeth von Eberstein ihre letzte Ruhe gefunden haben. Auch die »Ortenburger-Steinreliefs« aus dem 14. Jh. und der Portalstein mit dem Wappen der Salamanca-Ortenburg zeugen von der Vergangenheit der Stadt.

Der eigentliche Ursprung der Stadt ist das 1191 erwähnte »Spittl an der Lieser« (16. Jh.). Der mit einer klassizistischen Fassade versehene Renaissancebau wurde gleichzeitig mit Schloss Porcia unter Gabriel von Salamanca errichtet. Hier im Spital fanden Bedürftige und Durchreisende Unterkunft, dann diente es als Lieserkaserne und seit dem Umbau 1998 als Fachhochschule.

Panoramakarte im hinteren Innen-Cover
mit freundlicher Genehmigung der
Nationalparkverwaltung Nockberge